［改訂２版］

福祉職員キャリアパス対応
生涯研修課程テキスト

管理職員編

はじめに

2007（平成19）年８月、「社会福祉事業に従事する者の確保を図るための措置に関する基本的な指針」が見直され、新たな指針（新福祉人材確保指針）が告示されました。同指針では、福祉・介護サービス分野における人材を確保していくためには、給与水準や労働時間などの「労働環境の整備」とあわせて、福祉・介護サービス従事者の資質向上のための「キャリアアップの仕組みの構築」が重要であるとされました。そして、2016（平成28）年３月の社会福祉法の改正では、新福祉人材確保指針の対象者の範囲が社会福祉事業と密接に関連する介護サービス従事者にも拡大されています。

全国社会福祉協議会では、1998（平成10）年より、高齢者福祉や障害者福祉、児童福祉など福祉の全分野（以下、「福祉」と総称）に共通して求められる能力を開発する研修である福祉職員生涯研修課程の実施・推進を行ってきましたが、上記の指針をふまえて、2008（平成20）年よりキャリアパスに対応した新課程の開発を進めてきました。2013年（平成25）年には、その新課程に沿って標準テキストを作成しました。

2018（平成30）年には改訂版を出版しましたが、この度新しい福祉の潮流に沿ってさらに改訂を行ったのが本書です。

2017（平成29）年と2020（令和２）年に社会福祉法が改正され、これまでの相談者の属性ごとの相談支援体制を包括的なものにしていくこと、福祉人材の確保や業務効率化の一層の推進を図ることなどが求められています。福祉職員には福祉分野にとどまらず地域全体を視野に入れた働きが求められてきています。現状の厳しさのみに目を向けることなく、社会やサービスのあり方、自己の将来の姿を描く自律的な姿勢が求められています。

本書は、福祉職員が自らの歩んできた道を振り返り、また、新たな知識や体験を通して、自らの将来像を描き、職業人生の意味を深め、その価値を高めることをねらいとしています。そのことが自らが働き続けることの力となり、ひいては、福祉人材の確保・定着や利用者サービスの向上につながります。

この間、社会福祉分野の人材確保を巡る状況は一層厳しさを増しており、介護や障害福祉の分野に加えて、児童福祉分野（保育、社会的養護）においても、処遇改善加算の創設・拡充を図るなどの施策が進められています。そして、それらの加算要件として、職員がキャリアアップできる仕組みを整備することが、施設・事業所に求められています。

本課程・テキストの内容は、このような情勢への対応に資するものとなっており、重要性は一層増しているといえます。

本書が、多くの福祉職員に活用され、福祉職員のキャリアパス構築、さらに福祉サービスのよりいっそうの向上に寄与できることを心から願っています。また、本書については、今後もいっそう使いやすいものとしていくため、皆さまのご意見ご要望をお寄せいただきたく存じます。

2021年６月

社会福祉法人　全国社会福祉協議会
福祉職員キャリアパス対応生涯研修課程運営委員会
委員長　　田　島　　誠　一

福祉職員キャリアパス対応生涯研修課程について

1. 福祉職員キャリアパス対応生涯研修課程とは

福祉職員キャリアパス対応生涯研修課程（以下、本課程）とは、高齢者福祉や障害者福祉、児童福祉など福祉の全分野（以下、「福祉」と総称）に共通して求められる能力を開発するための基礎研修として、全国社会福祉協議会が開発したものであり、以下の目的と特徴があります。

●目的

①福祉職員が、自らのキャリアアップの道筋を描き、それぞれのキャリアパスの段階に応じて共通に求められる能力を段階的・体系的に習得することを支援する。

②各法人、事業所が主体的に職員のキャリアパスを整備し、これに沿った職員育成施策を確立・実施することを支援する。

●特徴

①福祉職員のキャリアパスに応じた資質向上を段階的・体系的に図る。

②あらゆる事業種別・職種を横断した福祉職員全般を対象とする。

③研修内容の標準化を図り、全国共通の基礎的研修とする。

④さまざまな研修実施機関・団体が連携して実施する。

2. 受講対象

本課程は、あらゆる事業種別・職種を横断した福祉職員全般を対象としています。さらに、福祉職員を以下の5階層に区分し、それぞれに対応した研修プログラムを設定しています。

階層	想定する受講対象者	教育・研修内容
初任者コース	●新卒入職後３年以内の職員 ●他業界から福祉職場へ入職後３年以内の職員	●サービス提供者、チームの一員としての基本を習得する。 ●福祉職員としてのキャリアパスの方向を示唆する（無資格者には資格取得を奨励する）。
中堅職員コース	●担当業務の独力遂行が可能なレベルの職員 （入職後概ね３～５年の節目の職員）	●中堅職員としての役割を遂行するための基本を習得する。 ●中堅職員としてのキャリアアップの方向を示唆する。
チームリーダーコース	●近い将来チームリーダー等の役割を担うことが想定される中堅職員 ●現に主任・係長等に就いている職員	●チームリーダー等の役割を遂行するための基本を習得する。 ●チームリーダーとしてのキャリアアップの方向を示唆する。
管理職員コース	●近い将来管理者の役割を担うことが想定される指導的立場の職員 ●現に小規模事業管理者・部門管理者等に就いている職員	●管理者としての役割を遂行するための基本を習得する。 ●管理者としてのキャリアアップの方向を示唆する。
上級管理者コース	●近い将来施設長等運営統括責任者の役割を担うことが想定される職員 ●現に施設長等運営統括責任者に就いている職員	●トップマネジメントとしての役割を遂行するための基本を習得する。 ●統括責任者としてのキャリアアップの方向を示唆する。

3. 内容

本課程は、基軸科目、基礎科目、啓発科目、重点科目から構成されています。研修プログラムは、自己学習（事前学習）と面接授業を組み合わせて実施します。

科目概念図

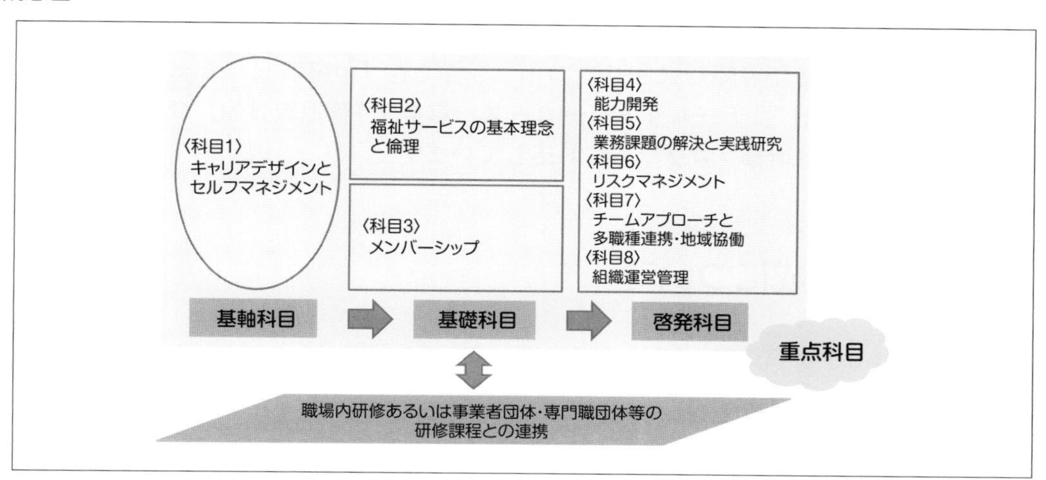

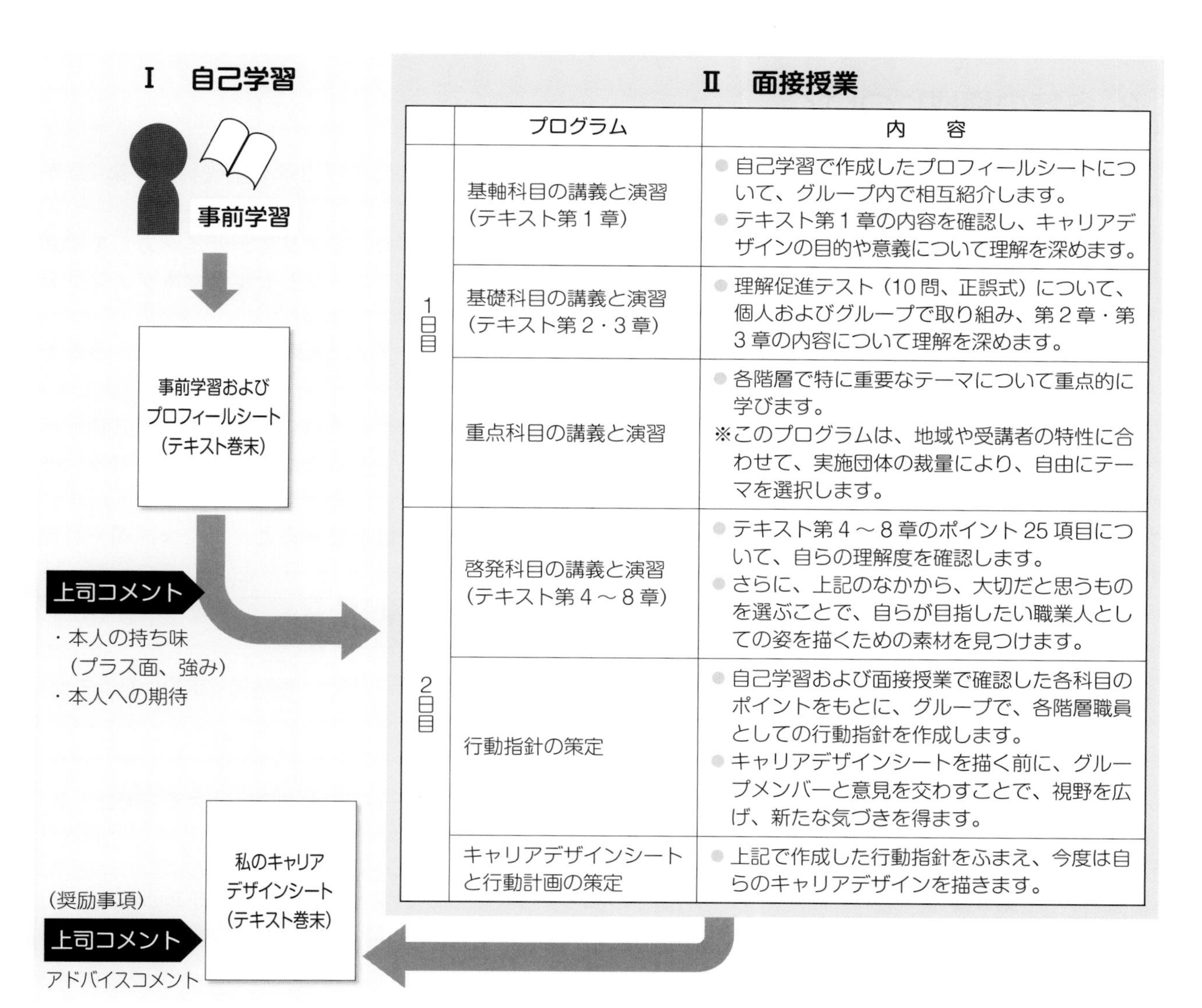

	プログラム	内　容
1日目	基軸科目の講義と演習 （テキスト第１章）	● 自己学習で作成したプロフィールシートについて、グループ内で相互紹介します。 ● テキスト第１章の内容を確認し、キャリアデザインの目的や意義について理解を深めます。
	基礎科目の講義と演習 （テキスト第２・３章）	● 理解促進テスト（10問、正誤式）について、個人およびグループで取り組み、第２章・第３章の内容について理解を深めます。
	重点科目の講義と演習	● 各階層で特に重要なテーマについて重点的に学びます。 ※このプログラムは、地域や受講者の特性に合わせて、実施団体の裁量により、自由にテーマを選択します。
2日目	啓発科目の講義と演習 （テキスト第４～８章）	● テキスト第４～８章のポイント25項目について、自らの理解度を確認します。 ● さらに、上記のなかから、大切だと思うものを選ぶことで、自らが目指したい職業人としての姿を描くための素材を見つけます。
	行動指針の策定	● 自己学習および面接授業で確認した各科目のポイントをもとに、グループで、各階層職員としての行動指針を作成します。 ● キャリアデザインシートを描く前に、グループメンバーと意見を交わすことで、視野を広げ、新たな気づきを得ます。
	キャリアデザインシートと行動計画の策定	● 上記で作成した行動指針をふまえ、今度は自らのキャリアデザインを描きます。

本書の構成について

1. 本書について

本書は、本課程で用いる教材として作成されたものです。
本課程では、職員の対象範囲を原則として以下のように分類し、それぞれについて研修プログラムを策定しています。
本書の第1巻『初任者編』は初任者コース、第2巻『中堅職員編』は中堅職員コース、第3巻『チームリーダー編』はチームリーダーコース、第4巻『管理職員編』は管理職員コースおよび上級管理者コースの各研修プログラムに対応しています。

2. 本書の全体構成について

『初任者編』『中堅職員編』『チームリーダー編』『管理職員編』の章立ては共通であり、読み手の立場・職務階層に則してステップアップするという構造になっています。
全4巻のうち、1冊を通読するだけでも内容を理解することはできますが、初任者編から順次読み進めていくことで、段階的・体系的に習得することができ、より高い学習効果が期待できます。

3. 各章の構成について

各巻をそれぞれ8つの章で構成し、第1章を基軸科目、第2章および第3章を基礎科目、第4章から第8章までを啓発科目としています。(下表参照)。
本課程は、福祉職員が自らのキャリアを自律的にデザインする力（キャリアデザイン力）を確立し高めていくことを主旨としていることから、第1章のキャリアデザインとセルフマネジメントを基軸科目と位置づけています。
第2章の福祉サービスの基本理念と倫理、第3章メンバーシップは、基礎として押さえておかなければならない内容であり、基礎科目としています。
第4章から第8章は、第1章～第3章の内容をふまえたうえで、それぞれの職場において具体的に業務を展開しつつ、本課程を修了した後も、学習・研究を深めていくことが必要と考えられるテーマであり、啓発科目としています。
第8章まで学んだ後で、また第1章のキャリアデザインに取り組んでみると、新たな課題や目標が見つかるでしょう。

	章	内容
基軸科目	**第1章** キャリアデザインと セルフマネジメント	福祉職員としての自らの役割を確認しながら、各階層で求められるキャリアデザインを検討します。
基礎科目	**第2章** 福祉サービスの 基本理念と倫理	社会福祉の基本理念を知り、福祉サービスを提供するうえでの基盤となる価値観、倫理観について学びます。
	第3章 メンバーシップ	メンバーシップにリーダーシップとフォロワーシップがあることを学び、それぞれの立場でのあるべき姿について理解を深めます。

<table>
<tr><th></th><th>章</th><th>内容</th></tr>
<tr><td rowspan="5">啓発科目</td><td>第４章
能力開発</td><td>職員一人ひとりが努力と研鑽を積み、力量を高めるにはどのようにすればよいか学びます。</td></tr>
<tr><td>第５章
業務課題の解決と
実践研究</td><td>福祉職員が、日々、業務を行ううえで生じる課題について理解を深め、さらにその解決方法のひとつである実践研究の進め方についても学びます。</td></tr>
<tr><td>第６章
リスクマネジメント</td><td>福祉サービスのリスクやリスクマネジメントについて学び、業務の標準化や法令遵守等についても理解を深めます。</td></tr>
<tr><td>第７章
チームアプローチと
多職種連携・地域協働</td><td>福祉サービス業務の基本としてのチームアプローチのあり方、多職種連携・地域協働について学びます。</td></tr>
<tr><td>第８章
組織運営管理</td><td>組織人として働くうえで必要な基本的ルールと知識を身につけ、職務階層に応じ、マネジメントのあり方について学びます。</td></tr>
</table>

なお、本書は全ての節を「見開き2頁読み切り（完結）」で編集し、図表を活用することで理解しやすいように配慮しています。また、各章ごとの扉で、章の「目標」と「構成」を示すとともに、『中堅職員編』『チームリーダー編』『管理職員編』では、各章末に『前巻までのポイント』を掲載しています。

項目	構成・内容
扉	各章における目標や、各章の構成を掲載
本文	各章ともに５つの節で構成。各節は見開き２ページで解説
ティータイム	各章の内容に関連した情報やエッセイ等
前巻までのポイント	前巻までの内容のポイントを見開き２ページで掲載（第２～４巻のみ掲載）

4. 本書で使用する用語について

本書では、次の言葉を以下のように定義しています。

- **福祉サービス**
  生活の支援を必要とする人々に対する専門的サービス
- **福祉職員**
  福祉サービスを担う人
- **法人・事業所**
  福祉職員が所属している組織
- **キャリア**
  生涯を通じた職業人生経路、時間軸で見た職業生活のパターン
- **キャリアパス**
  法人・事業所が示すキャリアの進路・道筋
  （キャリアアップ支援施策）

福祉職員キャリアパス対応生涯研修課程テキストの全体構造

		初任者編	中堅職員編	チームリーダー編	管理職員編
基軸科目	第1章	**キャリアデザインとセルフマネジメント** 福祉職員としてのキャリアデザインと自己管理	**キャリアデザインとセルフマネジメント** 中堅職員としてのキャリアデザインと自己管理	**キャリアデザインとセルフマネジメント** チームリーダーとしてのキャリアデザインと自己管理	**キャリアデザインとセルフマネジメント** 管理職員としてのキャリアデザインと環境整備
基礎科目	第2章	**福祉サービスの基本理念と倫理** 福祉サービスの基本理念・倫理の基礎を理解する	**福祉サービスの基本理念と倫理** 福祉サービスの基本理念と倫理の理解を深める	**福祉サービスの基本理念と倫理** 福祉サービスの基本理念・倫理を推進する	**福祉サービスの基本理念と倫理** 福祉サービスの基本理念・倫理を徹底する
	第3章	**メンバーシップ** 組織の一員としてのフォロワーシップの醸成	**メンバーシップ** 中堅職員としてのフォロワーシップの醸成	**メンバーシップ** チームリーダーとしてのリーダーシップの醸成	**メンバーシップ** 組織・部門管理者としてのリーダーシップの醸成
啓発科目	第4章	**能力開発** 初任者としての能力開発	**能力開発** 中堅職員としての能力開発と後輩職員の指導	**能力開発** チームリーダーとしての能力開発とOJTの推進	**能力開発** 管理職員としての能力開発と人材育成
	第5章	**業務課題の解決と実践研究** 業務を振り返り、問題解決の必要性を理解する	**業務課題の解決と実践研究** 現在起きている問題を解決し、後輩職員をリードして取り組む	**業務課題の解決と実践研究** チームで問題解決に取り組み、その先頭に立つ	**業務課題の解決と実践研究** 法人・事業所レベルの業務の改善、問題解決の仕組みづくり
	第6章	**リスクマネジメント** 福祉サービスとリスクマネジメント	**リスクマネジメント** 利用者の尊厳を守る福祉サービスのリスクマネジメント	**リスクマネジメント** サービスの質の確保・向上とリスクマネジメント	**リスクマネジメント** 福祉経営とリスクマネジメント
	第7章	**チームアプローチと多職種連携・地域協働** 組織のなかでの多職種連携・協働	**チームアプローチと多職種連携・地域協働** 他組織や地域の専門職との連携・協働	**チームアプローチと多職種連携・地域協働** チームアプローチと多職種連携・地域協働の推進	**チームアプローチと多職種連携・地域協働** チームアプローチ・多職種連携の管理と地域協働の推進
	第8章	**組織運営管理** 組織運営管理の基礎を知る	**組織運営管理** 組織運営管理の理解促進と参画	**組織運営管理** 組織運営管理への参画と協働	**組織運営管理** 組織運営管理体制の整備と推進

学習を始める前に

管理職員コースの５つの目標

（1）管理職員としてのキャリアデザインと職場環境整備のあり方を学ぶ。
（2）福祉サービスの基本理念と倫理の徹底・浸透のための手法を習得する。
（3）管理職員としてのリーダーシップの醸成を図る。
（4）管理職員としてのキャリアアップの啓発課題を確認し、方向性を明確にする。
（5）職場管理・役割行動に関する行動指針を確認し、挑戦目標を設定する。

社会人として学ぶことの意義－４つの輪

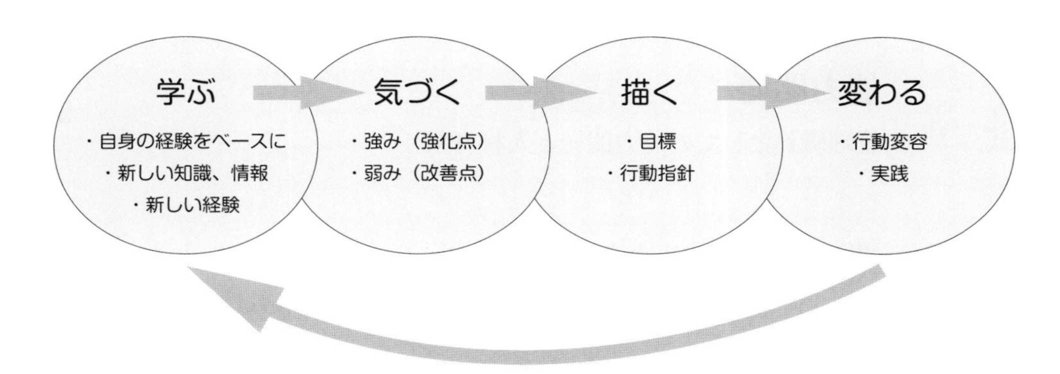

参加型研修の３つの約束

1. 進んで発言する
   －自身の考え方や意思をまとめ、適切に表現し理解してもらう
   －相手の理解、納得、共感が影響力の源泉である
2. 人の話によく耳を傾ける
   －主張と傾聴のバランスがとれていなければならない
   －他者の話にどれだけ耳を傾けられるかは、対人関係の基本スキル
3. 時間を意識する
   －職業人は時間を意識する必要がある
   －時限のなかでより高い成果を目指さなければならない
   （仕事には期限があり、目標は常に時限的である）
   －時間は有限である。適切な対応力、実行力が求められる

目　次

第1章

キャリアデザインとセルフマネジメント

管理職員としてのキャリアデザインと環境整備

目標

◉管理職員は事業の統括責任者、あるいは執行責任者である。そして、職業人、組織人としてのワークキャリアでいえば、成熟・円熟段階のステージを迎えている。責任を自覚し、公私ともに充実したステージの実現が期待される。

◉組織の責任者としては、明確なビジョンや方針・目標を示し、後継人材の育成を図り、組織を維持・発展させるための体制整備を行っていかなければならない。そして、個人としては、自身の職業人生の成熟・円熟段階を自他ともに納得できるものに仕上げていきたいものである。

◉第1章の目標は、管理職員の役割を確認しながら、このステージで求められる「準備」「遭遇」「順応」「安定化」のためのキャリアデザイン、組織としての体制整備のあり方を検討することである。

構成

1 管理職員の役割とキャリアを考える

1 管理職員としての実践能力を振り返る

キャリアとは「生涯を通じた職業人生経路」「時間軸で見た職業生活のパターン」を意味する言葉であるが、管理職員のキャリアステージは、責任の自覚が重要なステージである。個人の立場では多くの場合、職業人生の到達ゴールとしての責任を自覚することが重要であり、組織人の立場ではさまざまな組織的活動についてこれまで培ってきたものを集大成し、新たに求められる役割とその責任を自覚しなければならない。

このテキストでは、法人・事業所等の運営統括責任者としての立場、および小規模事業や部門の業務執行責任者の立場にある人々を管理職員と総称している。これまでの経験や実践能力を振り返りながら、このステージの立場や役割をしっかり確認し、充実した取り組みを通じてよりよい成果に貢献することを目指したいものである。

◉**ステージごとに4つの段階を発展させる：**職業人生にはいくつかのキャリアステージがあり、それぞれのステージにおいては、「準備」「遭遇」「順応」「安定化」という4つの段階があるといわれる。「トランジション・サイクル・モデル」の考え方（P.21 4参照）である。管理職員のステージにおいても、自身がいまどのような段階にあるかを正しく認知し、現在およびこれからのキャリアと求められる実践能力について自己イメージを明確にしながら、この4段階をスパイラル（螺旋状）に発展させていくことが重要である。

2 管理職員に求められる役割行動を再確認する

組織は「機能分化」と「階層分化」の2つの分化によって成り立っている。法人・事業所等の運営統括責任者として、また、小規模事業や部門の業務執行責任者の立場にあるのが管理職員である。

管理職員は、3つの環境を視野に入れた経営管理（マネジメント）を推進していかなければならない。第1は、「内部環境」（部門や事業単位）の維持と改革、第2に「組織環境」（評議員会や理事会、他部門や他事業単位等）との対応と連携（「連結ピン」機能）、そして第3に「外部環境」（市場や競合、地域、行政、社会福祉制度等）の変化への適合を推進することである。

◉**内向きのマネジメントから外向きのマネジメントへの転換：**「内部環境」のマネジメント、すなわち部門や事業単位のマネジメントを適切に行っていくことは当然の責務であるが、組織環境や外部環境との適合のあり方にも常に目を向けなければならない。特に、今日のような変化の時代にあっては、外部環境が大きく変化しており、単に内向きのマネジメントを指向するだけでは適切なマネジメント成果を生み出すことはできない。

◉**説明責任と結果責任：**管理職員は、組織が目指す方向（方針や目標、事業計画等）を策定し、構成メンバーを組織化し、日々のマネジメント活動を通じて、利用者（顧客）が満足するサービスの提供を行っていかなければならない。管理職員は、組織を方向づける説明責任（アカウンタビリティ）とその結果に対する責任（レスポンシビリティ）の2つの責任の自覚が必要である。そのうえで、事業管理、組織管理、サービス管理、財務管理、人事管理等の質を高めるマネジメントの実践が期待される。

◉**後継人材の育成や今後の組織体制の整備**：事業を継続的に維持・発展させるための「準備」を整え、次世代に継承することは、管理職員に期待される重要な使命である。

◉**福祉サービス固有の専門性についての実践能力を研鑽する**：福祉サービスの事業領域においては、他の事業領域から転身し、福祉サービス事業の責任者の立場になることも少なくない。そうした立場の管理職員は、福祉サービスの理念や倫理を押さえ、企業等営利組織のマネジメントと、福祉サービス事業のマネジメントとの同質性と異質性について理解することが必要である。

3 サービスの質の向上と効率性の確保の同時実現を目指す

管理職員が最終的に目指す方向は、いうまでもなく利用者サービスの質の向上であり、組織やチームの使命や目的・機能を果たすことである。そのために、一人ひとりのメンバーのモチベーションを高め、育成し、チームワークや連携を促進していかなければならない。①利用者満足の実現、②職員満足の実現、③経営満足の実現、④社会の満足の実現を目指すマネジメント実践が期待される。自身の目指すべき方向、管理職としてのプリンシプル（行動指針）を明確にすることが大切である。そのことを通じて自身の職業人生を充実したものにすることができるようになるだろう。

●図表1－1　管理職員の立場とマネジメントの対象

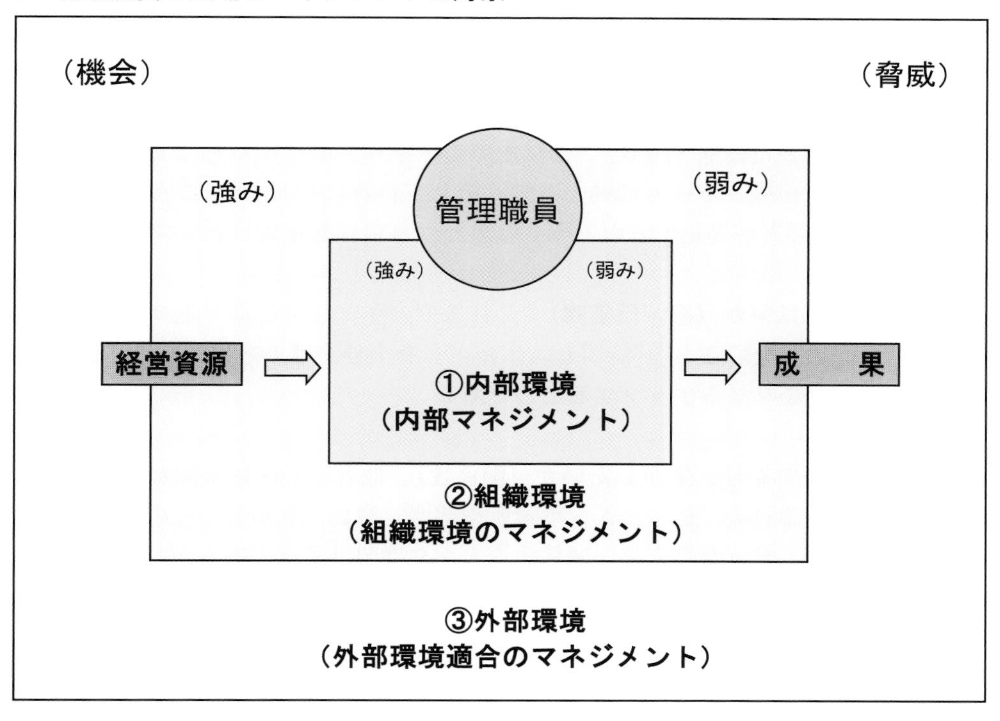

（著者作成）

管理職員としてのキャリアデザインを検討する

1 管理職員としてのキャリアデザインを考える

キャリアデザインは、自身のキャリアを振り返りながら自己イメージを明確にし、これからのキャリアの進路・道筋を描くことである。職業人生の最終ステージにある管理職員として、これからどのような職業人生経路をイメージし、課題や目標を設定するか、あらためて考え、検討してみてほしい。そのためには、自己期待（自身の思い）や他者期待（求められる役割行動）に真摯に目を向け、検討する必要がある。

自己期待を明確にするためには、後述する4つの問いに答えること、そして、他者期待として、利用者や組織、上司や同僚、チームメンバーの期待に目を向けることである（**図表1－2**および巻末の「私のキャリアデザインシート」参照）。

また、管理職員は、これからの組織の体制整備を行っていく必要があり、特に職員のキャリアパスの構築とその支援についての施策推進を具体化していかなければならない。

2 ４つの問いで自己イメージを明確にする

まず、最初に次の4つの問いにあらためて答えてみよう。

◉**できることは何か（持ち味・能力）**：これまでのキャリアのなかで経験し、学び、培ってきたもの、自身の性格やパーソナリティ、周囲の人からフィードバックされるポジティブな部分や強み・持ち味をリストアップすることである。

◉**やりたいことは何か（動機・欲求）**：これまでのキャリアのなかで感じてきたこと、利用者やその家族に対して、組織・チーム活動として、そして自身に対して、「こんなことをしてみたい」「実現したい」「関係者が満足するだろう」と思われる項目をリストアップすることである。

◉**意味を感ずることは何か（志・価値観）**：これまでのキャリアを振り返り、そしてこれから管理職員として「達成したいこと」「時間とエネルギーを十分かけてもよいと思うこと」「役立つだろうと思うこと」等をリストアップすることである。

◉**どのような関係をつくり、生かしたいか（関係性）**：他者との関係や関わり方についての問いである。理事会や評議員会、他の法人・事業所や部門、職員、利用者やその家族、地域の関係機関や他組織、そして、身近な友人等、関係する人々や機関は多様であるが、特に関係を深め、生かしたいと思うことをリストアップすることである。

ここで、「私のキャリアメッセージ」（いまの気持ち、これからの私）について作文を書いてみる。人生（ここでは職業人生）は、自作自演の物語であるともいえる。自身が主役であり、自身が創作していくものである。管理職員のキャリアメッセージとしては、これまでの実践のなかで遭遇してきた印象的な出来事や、すでに記述した4つの問いに関連することが題材になるかもしれない。「いま、ここでの気持ち」を率直に表現することによって、さらに自己イメージと未来への意思が明確になってくる。

3 キャリアビジョンを描き、アクションプランを策定する

自身のキャリアビジョンを描いてみよう。キャリアビジョンは、5年後、10年後、さらに中長期の視点で自身の職業人生経路の到達イメージを描くことである。自己イメージを明確にするための「４つの問い」を前提に、次の４つの項目についてこれから取り組みたいことをリストアップしてみよう。福祉サービス事業の管理職員に求められる他者期待との融合の視点をもちながら検討することが大切である。

- 利用者やその家族との関わりについて
- 組織やチームのマネジメントについて
- 地域や関係機関との関わりについて
- 自身の能力開発や資格取得について

◉**当面の重点目標とアクションプラン：**上記4項目のビジョンを前提に、1年から3年をめどに重点目標を2〜3項目設定し、具体的なアクションプラン（実現のためのシナリオ）を策定する。それぞれの目標には到達ゴール（水準と期限）を設定する必要がある。目標は、挑戦的で、しかも達成可能なレベルで設定することが大切であるし、なによりも自身が納得できるものであることが重要である。

目標は公開することによって、関係者から支援を受けることが可能になる。積極的に開示し、支援を受けたいものである。

●図表１－２　キャリアデザインの４つの問い（他者期待の認知を前提として）

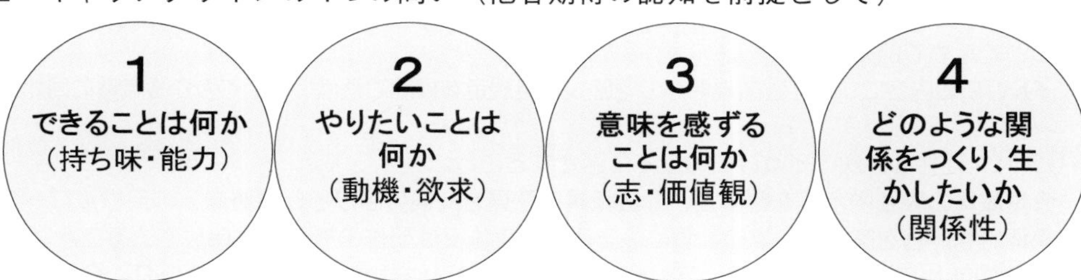

他者期待の認知

（あるべき姿・求められる役割行動）

- 福祉サービスの担い手として求められるもの
- 所属する法人・事業所の一員として求められるもの
- 管理職員として求められるもの

（E.H.シャイン、M.アーサーの考え方を参考に著者作成）

※福祉職員キャリアパス対応生涯研修課程受講にあたっては「事前学習およびプロフィールシート」（巻末参照）を作成してくることが条件となります。この節は「Ⅱ 自己のプロフィールシート」を記入するにあたっての具体的な指標を示しています。

職員のキャリアパスを整備し、支援する

1 職員のキャリアパス整備の必要性を理解する

福祉サービス事業領域において、職員のキャリアアップ、特にキャリアパス整備の必要性が注目されるようになったのは、2007（平成19）年に見直し・告示された「新福祉人材確保指針」からのことである。同指針は、福祉サービス分野における人材の確保と養成のためには給与水準や労働時間などの「労働環境の整備」とあわせて、福祉サービス従事者の資質向上のための「キャリアアップの仕組みの構築」が重要であると指摘した。働きながら社会福祉士や介護福祉士等の資格が取得できるように配慮するとともに、業務を通じて必要な知識・技術を習得できるような体制の整備や、職場内外において必要な研修受講の機会の確保に努め、生涯を通じた研修体系を構築することを関係者に求めるものであった。

その後、指針が示した人材確保方策の一環として、従事者の処遇改善を主旨とした報酬改定が行われ、さらに介護職員等処遇改善交付金（障害者福祉分野では助成金）が創設された。処遇改善交付金は、後に処遇改善加算制度となるが、加算算定要件として事業者に「キャリアパス要件の整備」を求めたことから、積極的な取り組みが行われてきたところである。

「キャリアパス要件の整備」について、厚生労働省は以下の3つの要件を示している。

（キャリアパス要件Ⅰ）次のイ、ロ及びハの全てに適合すること。
イ　介護職員の任用の際における職位、職責又は職務内容等に応じた任用等の要件（介護職員の賃金に関するものを含む。）を定めていること。
ロ　イに掲げる職位、職責又は職務内容等に応じた賃金体系（一時金等の臨時的に支払われるものを除く。）について定めていること。
ハ　イ及びロの内容について就業規則等の明確な根拠規定を書面で整備し、全ての介護職員に周知していること。

（キャリアパス要件Ⅱ）次のイ及びロの全てに適合すること。
イ　介護職員の職務内容等を踏まえ、介護職員と意見を交換しながら、資質向上の目標及び一又は二に掲げる具体的な計画を策定し、当該計画に係る研修の実施又は研修の機会を確保していること。
一　資質向上のための計画にそって、研修機会の提供又は技術指導等を実施（OJT、OFF-JT 等）するとともに、介護職員の能力評価を行うこと。
二　資格取得のための支援（研修受講のための勤務シフトの調整、休暇の付与、費用（交通費、受講料等）の援助等）を実施すること。
ロ　イについて、全ての介護職員に周知していること。

（キャリアパス要件Ⅲ）次のイ及びロの全てに適合すること。
イ　介護職員について、経験若しくは資格等に応じて昇給する仕組み又は一定の基準に基づき定期に昇給を判定する仕組みを設けていること。具体的には、次の一から三までのいずれかに該当する仕組みであること。
一　経験に応じて昇給する仕組み「勤続年数」や「経験年数」などに応じて昇給する仕組みであること
二　資格等に応じて昇給する仕組み「介護福祉士」や「実務者研修修了者」などの取得に応じて昇給する仕組みであること。ただし、介護福祉士資格を有して該当事業所や法人で就業する者についても昇給が図られる仕組みであることを要する。
三　一定の基準に基づき定期に昇給を判定する仕組み「実技試験」や「人事評価」などの結果に基づき昇給する仕組みであること。ただし、客観的な評価基準や昇給条件が明文化されていることを要する。
ロ　イの内容について、就業規則等の明確な根拠規定を書面で整備し、全ての介護職員に周知していること。

厚生労働省老健局長通知「介護職員処遇改善加算に関する基本的考え方並びに事務処理手順及び様式例の提示について」平成29年3月9日／老発0309第5号より抜粋

組織の仕組みとしてキャリアパスが整備され、キャリアに応じた給与等の処遇体系が明確になれば、一人ひとりの職員は組織の中での将来を展望できるようになるし、自ら努力し、キャリアパスの段階を歩んでいくことができるようになる。組織にとっても人材の確保・定着・育成・モチベーションの向上といった人材マネジメントの質を上げることができるようになる。

キャリアパスの整備は、一人ひとりの職員について、経営組織の人材ニーズと本人の希望とを突き合わせながら中長期的なキャリアアップのプランをつくり、そのプランにそって育成やローテーション（担当職務の割り当てや配置、職種変更・配置転換、昇進・昇格等）を行っていこうとするものである。「組織は個人の職務遂行に依存し、個人は、仕事およびキャリアの機会を提供する組織に依存している」という認識のうえに立つものである。

2 法人・事業所固有のキャリアパスを整備する

福祉人材のキャリアパスは、これまで述べてきたように、福祉の専門性に着目したキャリアパスと、チームケアの一員としてのキャリアパスという2つの側面で捉える必要がある。**図表1－3**は、福祉職員の一般的なキャリアパスモデルを示したものである。

1つは、福祉サービスの専門性に着目し、無資格者は資格取得を、有資格者はそれぞれの専門性の拡充を目指す、という進路・道筋を示す。そしてもう1つは、初任者から中堅職員、チームリーダー、管理職員、上級管理職員といった職位階層のキャリアの進路・道筋を明らかにする。さらに雇用形態の面から、正規・非正規の多様なキャリアの進路・道筋を整備することが望まれる。

いずれにしても、個別法人・事業所としては、固有の人事理念や人事基準に基づき、種別や規模、地域性等の特性をふまえて具体的に検討しなければならない。処遇改善加算の算定要件としてのキャリアパス整備の視点ではなく、本格的なキャリアパスの整備と運用が期待される。

●図表1－3　福祉職員のキャリアパス（モデル）

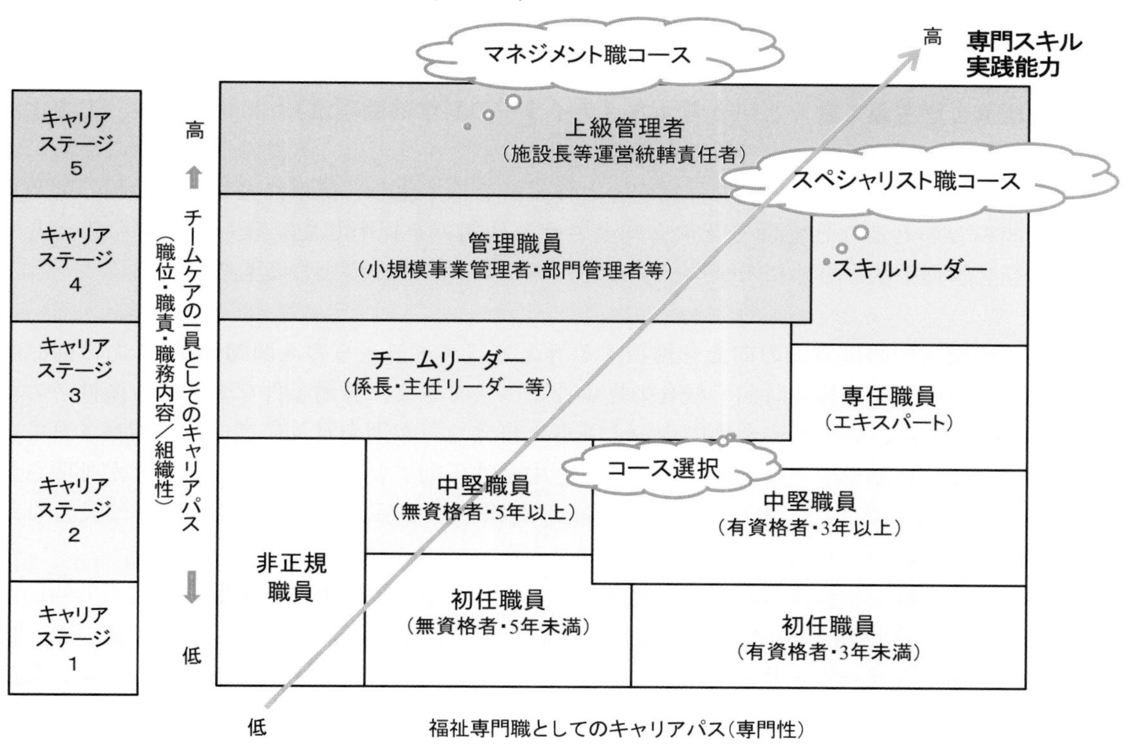

（著者作成）

モチベーションマネジメントの体制を整備する

1 福祉サービスにおけるモチベーションの重要性を再確認する

福祉職場の管理職員にとって、人材マネジメント、特にモチベーションマネジメントの質を高めていくことは重要な課題である。福祉サービスは、利用者の尊厳を保持し、利用者第一のサービスを目指さなければならない。利用者満足（CS = Customer Satisfaction）の実現は、事業経営の最終的な目標である。しかし、日々のサービス実践に関わる職員やそのチームのモチベーション（やる気）やモラール（勤労意欲）が低かったのでは、そうした目標はとうてい実現できるものではない。

低い賃金や長時間労働、未整備な職場環境といったような条件のもとでは、仕事への使命感や情熱があったとしてもしだいに不満が鬱積し、時には退職の誘因にさえなりかねない。したがって、労働条件を改善し、水準を上げていく努力は、管理職員が行わなければならない重要な施策推進のひとつである。しかし、労働条件が改善されれば、職員のモチベーションが高まるかといえば、必ずしもそうではない。不満はなくなるのだが、仕事へのモチベーションは別の要因に影響を受けるのである。モチベーションマネジメントの難しさでもある。

2 モチベーションの基礎としての「人間観」を理解する

組織が働く人々をどのように見るかについては、20世紀初頭以来さまざまな調査・研究が行われ、モチベーションを高めるための新たな仕組みや施策の提案がなされてきた。ここではその代表的な考え方を見ておこう。

◉**人は経済合理主義で動くという考え方《テイラーの科学的管理法》**：20世紀初頭、工業化が進むなかで働く人々のモラールの低下が見られていた。テイラーは「人は経済的価値のために働く」と考え、一定の時間内で可能な作業内容と作業量を標準化し、標準作業量と歩合制の刺激賃金制度を組み合わせることで働く意欲を向上させる仕組みを提唱した。最も古典的な考え方であるが、経営管理手法、とくにモチベーションマネジメントの基礎となるものである。

◉**個人への配慮や帰属意識の向上を重視する考え方《メイヨーらの人間関係論》**：ある部品組立工場で作業場の照明や休憩時間、軽食の提供など、さまざまに労働条件を変えて生産性との相関を調査したところ、いずれの条件の違いよりも、自分たちが調査対象に選ばれ、観察されているということで一体感やチームワークが生まれ、生産性の向上要因になっていることが証明された。また、この調査では、一人ひとりとの面接が実施されたが、これが不満の解消に大きな効果があったことも証明された。

メイヨーらは、生産性の向上は労働条件ではなく、職員間にある信頼関係や情緒的側面が大きく関連していると考え、「人間関係論」を提唱することになった。この考え方に基づき、提案制度、社内報、モラール・サーベイ、カウンセリング、職場懇談会、レクリエーション、従業員持ち株制度などが積極的に推進されることになる。

◉**働きがいのある仕事や、仕事での達成感を重視する考え方《行動科学》**：マズローは、人間の欲求には「生理的欲求」「安全の欲求」「社会的欲求」「自我（承認）欲求」「自己実現欲求」という欲求段階があり、下位の欲求が充足されると高次の欲求の充足が重要性を増してくるという考え方を提唱した。

また、マグレガーは、管理者の人間観が部下の行動に大きく影響を与えていると提唱し、「人間は本来、働くことに対する意欲がなく、生産性を上げるためには、強制的なルールや脅しが効果的である」と考える「X理論」から、「人間は本来、意欲的なものであり、自発的に目標を設定し、達成のために働くものである」と考える「Y理論」への転換が必要であると提唱した。目標管理制度は「Y理論」を基礎とするものであるし、達成感や自己成長が実感できる体制を整備すること、評価（承認）とそのフィードバックの実施（人事考課制度等）などの施策が推進されている。

ハーズバーグは、働く人の不満の要因とやる気の要因についてインタビュー調査を行い、「動機づけ・衛生理論」（P.21 5参照）を提唱している。

3 成熟度に応じたリーダーシップを発揮する

管理職員等のリーダーシップについてもさまざまな考え方が提唱されている。そのなかでハーシーとブランチャードらが提唱した「状況対応型リーダーシップ」の考え方が注目されている。

◉**状況対応型リーダーシップ（SL理論：Situational Leadership Theory）**：リーダーの行動を指示的行動（高い－低い）と援助的行動（高い－低い）の4つの象限で捉え、職員の成熟度が低い場合は「指示的行動（高）－援助的行動（低）」とし、成熟度が高まるにつれて「指示的行動（高）－援助的行動（高）」とし、さらに高まると「指示的行動（低）－援助的行動（高）」、職員が自立して仕事ができるほどに成熟度が高まった場合には「指示的行動（低）－援助的行動（低）」としている。**図表1－4**に示した曲線が適合モデルである。成熟度に応じた対応が必要だということである。リーダーには、個人や集団の成熟度を見極める「診断能力」と自身のリーダーシップスタイルを変えられる「柔軟性」が求められることになる。

●図表1－4　状況対応型リーダーシップ理論における適合モデル

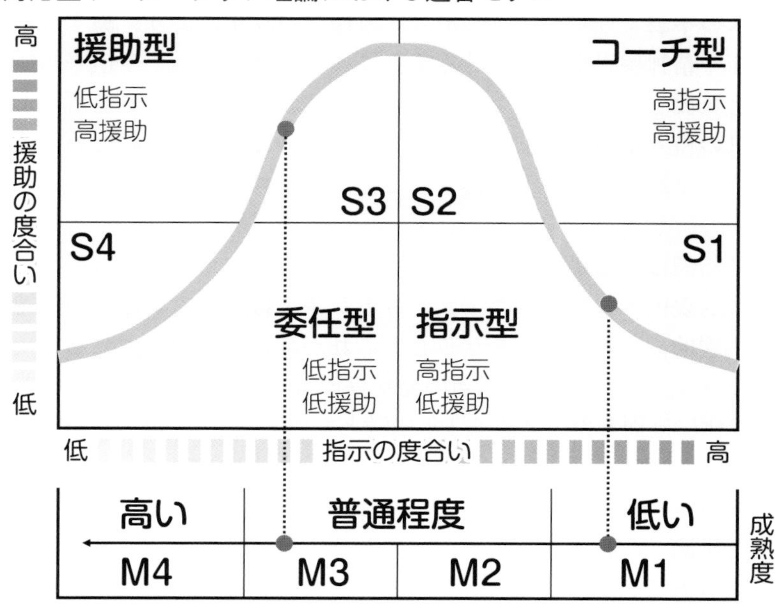

（P.ハーシー、K.H.ブランチャード、D.E.ジョンソン、山本成二、山本あづさ訳『行動科学の展開』生産性出版、2000年を参考に著者作成）

組織として、心身の健康管理を推進する

1 職員の健康管理を徹底する

健康は、「社会・経済そして個人の進歩のための重要な資源であり、生活の質（QOL）の重要な要素である」（WHO「オタワ憲章」1986年）とされている。つまり、個人的な問題であることはもちろんのこと、それは、社会・経済の進歩のための重要な資源であるということを管理職員は認識しておかなければならない。

◉**事業者の責務：**労働安全衛生法は、第3条第1項に「事業者は、単にこの法律で定める労働災害の防止のための最低基準を守るだけでなく、快適な職場環境の実現と労働条件の改善を通じて職場における労働者の安全と健康を確保するようにしなければならない」としている。労働者の健康の保持増進は管理職員の責務〈安全（健康）配慮義務〉であり、それを怠ったこと〈安全（健康）配慮義務違反〉により労働災害が起こった場合には、事業者が責任（損害賠償責任）を問われることになる。

◉**身体的原因・心的原因：**介護事業所等に多く見られる代表的な身体面での不調に腰痛がある。椎間板ヘルニアや脊柱管狭窄症、骨折など原因が特定できる腰痛が約15％、原因が特定できないその他の腰痛が約85％であるといわれ、腰痛を一度経験すると、その再発率は高く慢性化しやすい。腰痛の原因は、持ち上げる動作や前かがみの姿勢の多い場合に、誤った姿勢で行うことによる発症と、心的ストレスが抑うつ状態を生み、その結果の身体的反応として腰痛が発現することがある。そのため、腰痛予防対策として、作業を行う姿勢の指導と職場内のストレスに焦点を当てる必要がある。

◉**メンタルヘルスの不調：**近年では、経済、雇用環境の変化により、働く人たちへの精神的負荷が増大し、心身症や精神疾患を発症させることによる労働力の低下や損害賠償の訴訟リスクが大きな社会問題へと発展している。メンタルヘルス不調は、転倒による骨折のように突然起きるものではなく、毎日の積み重ねにより重症化していくものである。そのため、周囲の観察や職員自身の気づきにより、早期に発見し、対処することが望まれる。

メンタルヘルス不調は、職場内の多様なストレスの要因によって引き起こされる。そして、ストレス要因と、個人的要因、仕事以外の要因、ストレスを緩和する要因との関連性から、ストレスに対する心理的、生理的、行動的反応を起こし、これが継続し、放置されると疾病につながるといわれている（**図表1－5**参照）。また、不調の発症率が高いのは、入職後1～2年以内、昇進、配置転換、職務内容の変化に直面したときから1年未満とされており、職員の職務環境に変化があった後、1年間は注意が必要である。

職員のメンタルヘルス維持のためには、

- ストレス要因を排除、改善する→業務内容の改善、コミュニケーション促進等
- ストレスへの対処方法を身につける（個人的要因の強化）→リラクゼーション、休暇の取得等
- ストレスを緩和するような施策を職場内にて検討する→グループディスカッション等による不安、悩みの吐き出し、面接の実施
- 社外のEAP（Employee Assistance Program＝従業員支援制度）の導入

等が重要である。

2 ワーク・ライフ・バランスの組織的推進を図る

ワーク・ライフ・バランスとは、「国民一人ひとりがやりがいや充実感を感じながら働き、仕事上の責任を果たすとともに、家庭や地域生活などにおいても、子育て期、中高年期といった人生の各段階に応じた多様な生き方を選択・実現」することと考えられており、その実現のために、事業者が果たす責任は大きい。管理職員として、労働基準法に定める労働時間、各種休暇の付与義務について、理解と適切な管理が必要である。また、就業規則で規定されている休暇の取得について、職員が仕事と生活の両立を実現するためにも、積極的活用が必要であり、組織としての支援が必要である。

3 明るく、健康な職場づくりを目指す

組織文化は管理職員の影響によるところが大きい。職員個人の心身の健康管理も重要であるが、管理職員自らの健康管理にも留意していかなければならない。そして、健康な職員による健康な職場づくりを目指していきたいものである。

健康な職場づくりのためには、次のような点が重要である。

- 仕事と生活のメリハリをつけ、調和を図る。
- 仕事は挨拶から始まり、挨拶に終わる。
- 活発なコミュニケーションを図り、風通しのよい集団を目指す。
- 仕事そのものをプラス思考で捉え、職場全体で楽しむ工夫をする。
- 職場の目標を明確にし、達成の喜びを職場全体で共有する。

●図表1－5　職業性ストレスモデル

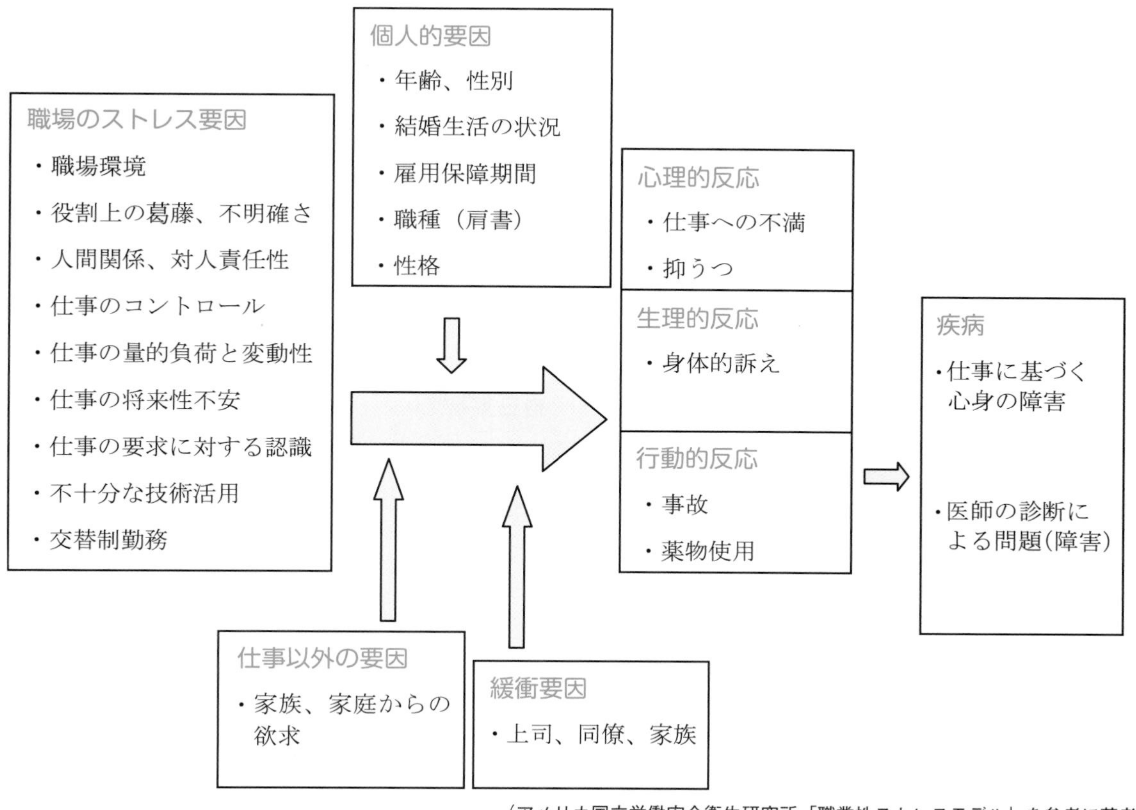

（アメリカ国立労働安全衛生研究所「職業性ストレスモデル」を参考に著者作成）

前巻までのポイント

キャリアデザインとセルフマネジメント

以下の内容は、『福祉職員キャリアパス対応生涯研修課程テキスト』〔初任者・中堅職員・チームリーダー編〕の第1章のポイントを抜粋したものです。

1 福祉サービスの担い手として【初任者編・第1章第1節】

■①就労動機や志、②福祉サービスの仕事についての意味づけを確認することで、これからの職業人生の意義や目指す方向が明確になる。

■何を目指し、どこを到達ゴールとして歩んでいくか、法人・事業所におけるキャリアパスを展望しながら、自身の可能性を開発していくことが大切である。

2 過去・現在・未来の時間軸でキャリアを考える【初任者編・第1章第2節】

■過去を振り返ることで、自己イメージが明確になってくる。未来を描くことによって、いま取り組まなければならない課題が明確になり、現実の苦労や努力の意味づけができるようになる。

3 自己期待と他者期待の融合を目指す【初任者編・第1章第3節】

■個人と組織は相互依存の関係にあり、個人は仕事および機会を提供する組織に依存しながらキャリアを歩み、組織は個人の職務遂行能力に依存し、その活動を通じて組織が目指す使命や目的・機能を果たしていく。

■職業人生のキャリアは、自己期待と他者期待の融合を目指すことが大切である。

■自己期待とは、自身の志や思い、ありたい自分のことである。他者期待とは、上司や先輩職員、組織、社会など関係する人々のさまざまな期待のことである。

■他者期待は、福祉サービスの担い手に共通して求められるもの、所属する法人・事業所が求めるもの、担当する仕事に関して求められるもの、という3つの視点を押さえておくことが大切である。

《組織におけるキャリアの考え方》
自己期待と他者期待の融合を目指す

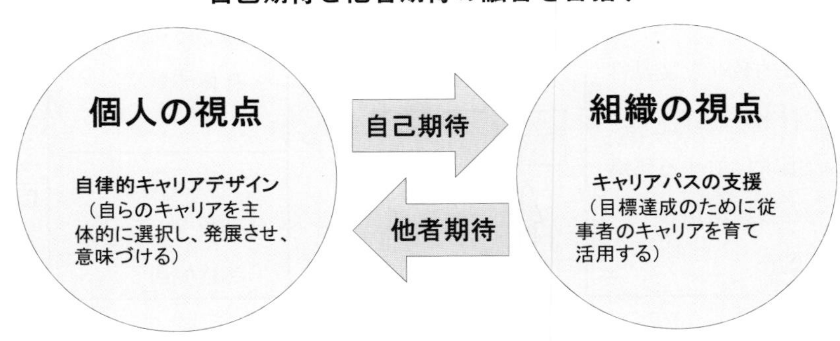

相互依存の関係
・個人は仕事および機会を提供する組織に依存
・組織は個人の職務遂行能力に依存

（E.H.シャインの考え方を参考に著者作成）

4 キャリアステージの節目【中堅職員編・第1章第2節】

■キャリアステージの節目では、自身のこれまでの成長過程を振り返り、現在の自己イメージを明確にしながら、これからのキャリアを考えてみることが大切である。

■「成長（学習）曲線」に即して考えると、成長課程は「模索期」「伸長期」「高原期（プラトー期）」「成熟期」「限界期」の5段階に分けられる。

■「トランジション・サイクル・モデル」では、職業人生にはいくつかのキャリアステージがあり、各ステージにおいて4つの段階（節目）があるとしている。4つの段階とは、①新しいステージに入るための「準備」段階、②実際にそのステージにおいてさまざまな出来事を経験する「遭遇」段階、③経験を積みながらそのステージに徐々に「順応」する段階、④「安定化」の段階である。

《成長（学習）曲線に即したキャリアデザイン》

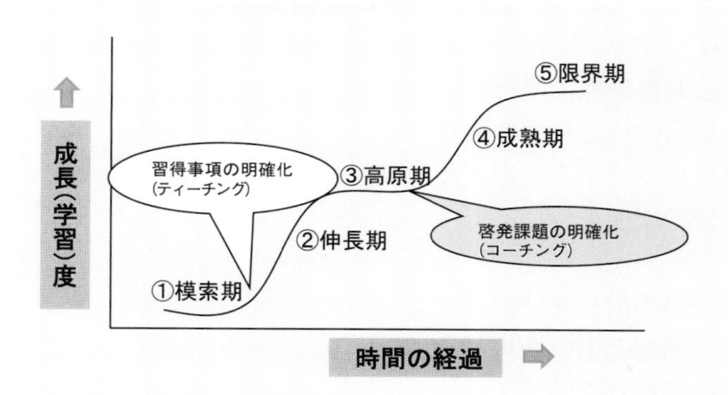

1. 模索期の短縮　2. 高原期と限界期の見極め　3. 高原期の方向づけ

（著者作成）

《4段階の健全な発展が望まれる（トランジション・サイクル・モデル）》

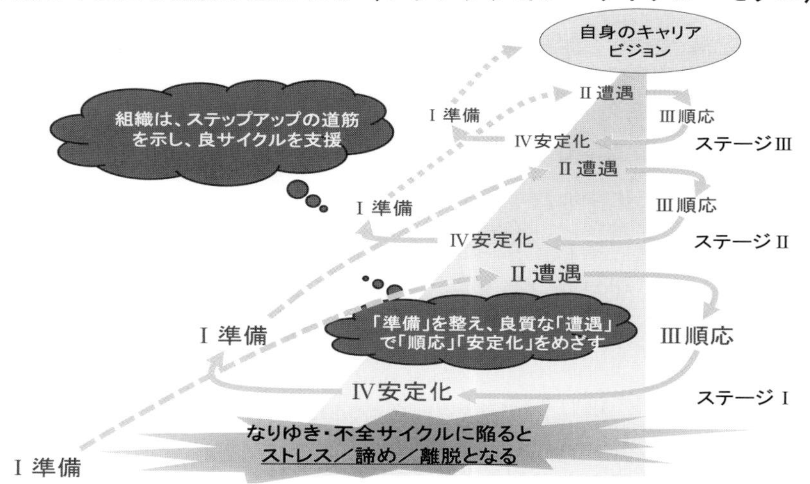

（N.ニコルソンのモデルを参考に著者作成）

5 動機づけ・衛生理論の考え方【チームリーダー編・第1章第4節】

■動機づけ・衛生理論によると、不満の要因とやる気の要因というのは相互に無関係で、それぞれが人の行動に異なった影響を与える。

衛生要因（不満の要因）	動機づけ要因（やる気の要因）
・方針と管理施策 ・監督のあり方 ・作業条件 ・対人関係 ・金銭、身分、安全	・達成 ・達成を認められること（評価・承認） ・チャレンジングな仕事 ・責任の増大 ・成長と向上

（F.ハーズバーグの考え方を参考に著者作成）

ティータイム

信頼される管理職員を目指して

基本姿勢と志

＊低きに合わせるのではなく、“天と対話” する
＊もっと高次、もっとスケールの大きい志をもつ
＊組織の要請と自分の志との融合を図る
＊他の生き方、伸び方をしている人へ寛容さをもつ

せめてここまでは

＊安易な諦めや被害者意識に陥らない
＊妥協、譲歩はするけれども筋は通す
＊ものごとを常にポジティブに考える
＊これからの自分の成長を信じる

視野と関心

＊「鳥の目」と「虫の目」を使い分ける
＊視野を拡大し、情報の価値を見極める
＊既成の発想にとらわれない
＊常に未来を志向する

状況の読み取り

＊表層、枝葉末節ではなく大筋を捉える
＊ものごとを構造化して捉える
＊現場、現実、現物を大切にする
＊何ができるかを常に考える

人へのスタンス

＊他人にも自分にも肯定的な人間観をもつ
＊本音のコミュニケーションを心がける
＊お互いの喜びを分かち合う
＊気がかりなことへの配慮を怠らない

変化への対応

＊変化を軽視しない、逃げない
＊変化に過剰反応しない
＊変化に身を投ずることを恐れない
＊自己納得を基本に対応する

行動への知恵

＊目標へのシナリオを描く
＊培ってきたキャリアを生かす
＊意欲、粘り強さをもち続ける
＊他者の協力を引き出す

自己表現

＊熱意をもって語りかける
＊もっていき方を工夫する
＊時には沈黙を大切にする（聴くことが大切）
＊相手の理解、納得を第一とする

第2章

福祉サービスの基本理念と倫理

福祉サービスの基本理念・倫理を徹底する

目標

◉管理職員として、福祉サービスの基本理念を理解し、そのうえで、業務を遂行する環境を整えるための方法を追求する。
◉職員の業務能力の向上に加え、利用者が安全・安心な生活を継続できるように利用者の生活環境の維持・改善を常に考え、法人・事業所経営の視点から行動を起こせることを目指す。
◉支援現場において起こり、現場で解決が困難なトラブル事例の解決を率先して行い、法人・事業所における業務全体の管理運営を考えることのできる管理者となる。

構成

1 組織方針の決定と職員教育の機会と環境をつくる

1 ミッション及びミッションステートメントを作成する

ミッションとは、組織に課せられた使命のことであり、当該組織の価値観、組織文化を方向づける機能を持ち、法人運営の指針となるものである。管理職員は法人のミッションを達成できるように職場環境を整えることが求められる。

法人のミッションと福祉サービスの現場とに齟齬がある場合は、福祉サービスの現場を点検し、経営課題として法人の責任者に報告し、管理職員は具体的な問題解決に当たる。また、ミッションについても社会環境の変化などを考慮し、現場サービスの状況などを勘案して、点検する役割を管理職員は担う。ミッションの再定義が必要と判断される場合は、法人の責任者にミッションの見直しを管理職員として提案することが求められる（**図表2－1参照**）。

◉**ミッションステートメント：**法人のミッションを表現した文章をミッションステートメントと呼び、そこには法人の使命について具体的な内容が記述されていなければならない。ミッションステートメントには、「誰に、何を、どのようにサービスするか」が含まれる必要がある。また、ミッションステートメントに他の法人と異なる特徴的な点、言い換えれば法人が重視する価値（バリュー）が記述されることで、法人の立ち位置が明確になる。つまり、ミッションステートメントは組織、存立意義（法人の目的、法人が社会で果たす役割）を表現する文章でもある。ミッションの達成に向けて、ミッションステートメントを職員に教示し、理解させる役割を管理職員は担うこととなる。

◉**法人のアイデンティティ：**法人がミッションをステートメントとして表現して発信し、サービス提供を通してミッションを具体的に体現して、利用者を始めとする関係者が法人のミッションを理解し、合意することで法人のアイデンティティが明らかになる。

2 ミッションを軸とした事業展開を計画する

法人に所属する職員の行動の規範のもとになるのがミッションであり、そのミッションは、職場ごとに具体的な行動理念、価値基準として日常業務において具体化されることが必要である。その展開手法が法人の行動計画となり、企業用語では経営戦略（ストラテジー）と呼ばれる。

例えば、「より品質の高いサービスを目指す」というミッションのもとでは、サービスの受け入れから利用、利用終結までのプロセスにおいて、どのように職場ごとに職員を研修するか、品質向上のための利用者情報をどのように収集し、共有するかが行動計画となる（**図表2－2参照**）。

◉**福祉法人の行動計画：**社会福祉法人など非営利法人の行動計画は、営利法人の戦略のように他社との競争優位性を確保するためのものではない。法人理念を達成させるために職場がどのような仕事の仕方をするかを示すものであり、管理職員の意思決定によってつくられるものである。したがって、管理職員は法人のミッションを理解し、それを業務のなかで実践できる技術と能力が求められる。

3 公益性と継続性を確保して経営する

福祉サービスは社会福祉法人が主体となって非営利を目的として提供されてきた。しかし、営利法人も福祉サービスの供給の担い手となっている。法人・事業所の種別を問わず福祉サービスを提供する法人・事業所は安定的なサービスを供給する主体でなければならない。

◉**営利法人に求められる公益性**：営利法人であっても福祉サービスの公共性を十分に認識し、自社の活動する地域の福祉の担い手として、地域の福祉関連機関と連携を図りながら利用者の福祉を向上させることが責務である。営利法人の設立根拠となる法律は社会福祉法ではないが、提供するサービスは社会福祉法などに規定される社会福祉事業であり、社会福祉事業のもつ公益性が営利主義によって損なわれることは避けなければならない。

◉**社会福祉法人に求められる経営努力**：社会福祉を担う多くの法人が社会福祉法人などの非営利法人である。非営利法人は利益を上げることを目的とせず、安定的に事業を運営し社会福祉の向上を目指すことが目的となっている。しかし、将来的な事業の継続性を確保するためには必要なコストも含めた収支の均衡を図ることは、事業を安定的に運営し、法人を維持するためには必須である。報酬単価は一定であっても人件費、運営経費は増加することもあり、法人の継続性を保つためには経営の効率化、合理化の努力は社会福祉法人であっても必須である。

●図表２－１　法人のアイデンティティ

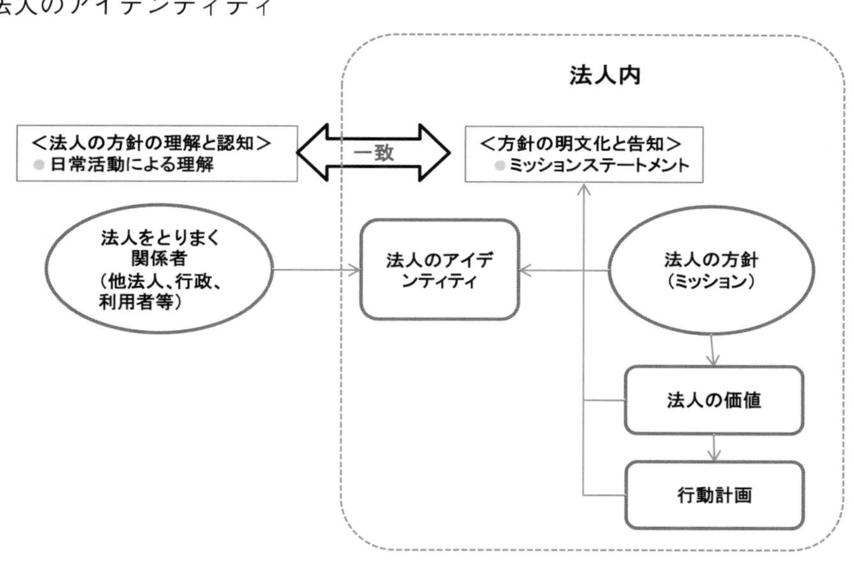

（著者作成）

●図表２－２　ミッション、バリュー、ストラテジーと経営

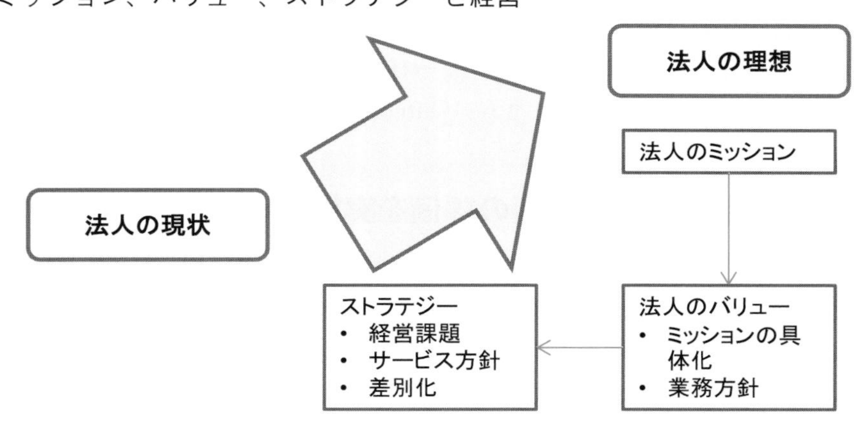

（著者作成）

利用者本位のサービスを提供する環境をつくる

1 価値観を共有するための環境整備を行う

福祉サービスは、長年、措置制度のもとで給付される形態がとられたこともあり、サービスが供給者の都合によって左右されることがあった。また、供給できる範囲で福祉サービスがつくられ、利用者が必要とするニーズに十分にこたえていないこともあった。しかし、社会福祉基礎構造改革をへて、利用者が主体となってサービスを利用できるようになったことにより、利用者のニーズに応じたサービス供給が求められる。

◉**サービススタッフの研修の環境づくり：**具体的には、サービスを実際に提供するサービススタッフの研修やサービススタッフを統括する中間管理職の育成が不可欠である。福祉サービスは間断なく連続的に供給することが必須であるため、研修も一斉研修ではなく、輪番制で行うなどの工夫が求められる。そのためには職員研修を統括する組織を法人・事業所内に設けることが、管理職員の経営課題のひとつとなる。法人・事業所の規模により職員研修組織の形態は異なるが、少なくともその研修担当組織においては、職員が研修を受けることを業務のひとつとして認識できるように中間管理職に研修の重要性を認識させる。また、研修を受けることに対する報奨を考え、研修を積極的に受ける環境を整える必要がある。

2 サービスとサービスプロセスの可視化のための業務体制を構築する

福祉サービスは提供と利用が同時に行われるため、品質管理は難しい。さらに、施設内、居室内など第三者の目が届きにくい場所でサービスが行われることが多く、品質管理は、組織をあげて取り組む必要がある。

◉**サービスの品質管理：**サービスを提供する現場だけでの品質管理には限界があり、法人組織をあげたサービス品質の管理が求められる。福祉サービスを評価するにはできるだけサービスを可視化することが重要である。しかし、提供と利用が同時に行われるサービス形態においては限界があり、可視化に向けては職員の資格取得やサービスの手順書（マニュアル）の整備などの外形基準づくりが重要となる。

◉**サービスの評価：**一般にサービスに対する評価としては、サービスを提供して得られる成果に着目したアウトプット（Output）評価と、サービスの結果、対象者のQOL（生活の質）や生活満足度が改善する点に着目したアウトカム（Outcome）評価がある。

3 サービスの３段階評価と４種類の評価を実施する

福祉サービスは、一度終了したサービスを再現することが難しく、評価をしにくい面をもっている。また、利用者とサービス提供者との相性など、職員の人柄などもサービスの評価を左右することがある。さらに、利用者とサービス提供者との間にサービスについての情報格差がある。

◉**３段階評価：**サービスを提供する職員自身の自己評価（法人・事業所評価）、利用者評価（満足度評価等)、さらに、客観的な評価を得るために第三者評価の活用が不可欠である。ISO基準による評価の導入も第三者評価として有効であり、管理職員は、自己評価、利用者評価、第三者評価の３段階の評価を実施して経営改善の指標とすべきである。

◎**4種類の評価：**ストラクチャー（構造）評価、プロセス（過程）評価、アウトプット評価、アウトカム評価の4種類である。

■ストラクチャー評価：福祉サービスを提供する施設、設備などの構造物や人員配置がサービスを提供するにあたって十分に整っているかを検証する評価方法である。この評価の特徴は、利用者1人に対する職員配置人数、利用者1人当たりの専有面積といった数値で評価結果が出されるため、客観性が高い点である。

■プロセス評価：決められた手順（プロセス）が守られて福祉サービスが供給されているかどうかを評価する方法である。1人の利用者に対して、インテークから始まり、アセスメント、プランニング、サービス提供、モニタリング、計画見直し、再実行と続く一連のサービスの過程が滞りなく行われているかを評価するものである。

■アウトプット評価：支援したことで身体的負担が軽減するなどの直接的な効果を示す。ただ、福祉サービスの場合は、医療における症状の治癒といった具体的なアウトプット評価項目が設定しにくい側面があることを理解して評価を考える必要がある。

■アウトカム評価：生活の質の改善や生活満足度などがその指標となる。利用者に直接確認することで、ある程度の把握は可能である。ただし、福祉サービスは利用時点での属人性に左右されることもあり、利用者満足度の結果だけでは客観的に評価することは難しい。

ストラクチャー評価とプロセス評価はサービスの外形的側面の評価であるのに対して、アウトプット評価、アウトカム評価は目には見えない質的な評価を含んでいる。アウトプット評価は支援により利用者の生活改善がどの程度進んだか、利用者のニーズがどの程度充足したかによってはかられる。アウトカム評価はサービスを提供したことによって、利用者の生活の質、生活意欲がどの程度向上したか、尊厳や人権がどの程度守られたかといったことが評価の対象となる。

現場での、職員による相互評価も有効であり、自己表現が困難な利用者については家族や職員が加わった複合的な評価法が考えられる。管理職員は率先して自組織のサービス評価の体系を作り、法人責任者に提案する必要がある。

●図表２－３　福祉サービスの品質管理と評価の構造

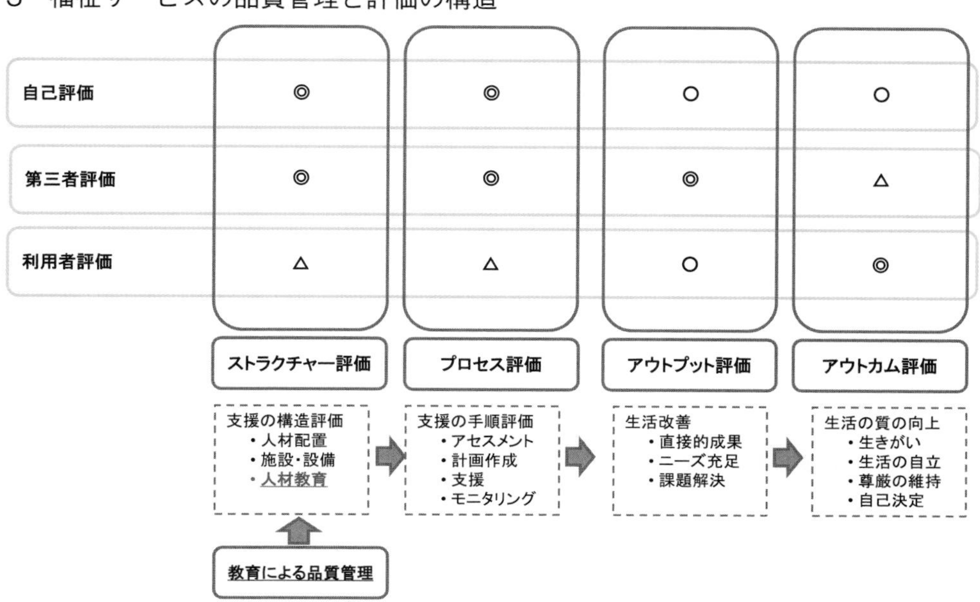

（著者作成）

アウトリーチによるニーズ把握の方法を理解する

1 アウトリーチの必要性を理解する

社会福祉事業として福祉サービスを提供する法人・事業所は、その種別を問わず、地域福祉の向上に寄与することが求められる。福祉サービスの基盤にあるソーシャルワークは慈善組織の活動から発展してきた。福祉サービスを利用していない、あるいは利用できない人々で、支援が必要な人々への訪問および支援（アウトリーチ）は、社会福祉を担う法人・事業所の重要な課題である。

◉**アウトリーチ：**問題を抱えて生活している地域の人々に対して、その人の住まいなどを相談者が訪問し、具体的な援助に結びつける支援である。福祉サービスが必要になった場合、一般的には、自治体や相談窓口に対象者が自発的に訪問することで支援が開始される。しかし、なんらかの理由で外部からの支援を拒むケースは少なくない。なかには、暴力をふるうことなどから福祉職員が近づくことの難しいケースもある。

例えば、認知機能が低下してしまい外部からの支援者を認識できずに暴力をふるうひとり暮らしの高齢者、あるいは、障害、貧困、家庭内暴力など複合的な問題を抱える多問題家族などは地域で孤立してしまう危険がある。こういった人々を見つけ出し、支援活動に結びつけることは、社会福祉を担う法人・事業所の主要業務の範囲であることを、管理職員は理解して業務を遂行する必要がある。アウトリーチは、地域社会の福祉を向上させるだけでなく、地域の安全にも寄与する活動として、福祉を担う法人・事業所に課せられてきている。専任スタッフを配置するなど法人・事業所が組織的に対応しなければ機能しない。

◉**アウトリーチと社会福祉を担う法人の役割：**アウトリーチは対象となる個人だけではなく、個人と関わる家族や地域住民、地域社会も含めて活動の対象となる。さらには、対象者やその家族をとりまく社会環境やシステムへの配慮も業務の範囲となる。アウトリーチの対象となるケースは複合的な問題を抱えていることも多く、福祉専門機関でなければ解決できないことも多い。例えば、福祉サービスへのリンキング（つなぎ）、利用可能な制度や法律の紹介がある。そのために社会福祉を担う法人には、自らのノウハウ、専門人材を使って、こうした人々へ支援を行うことが求められるのである。

2 アウトリーチ実践の基本的視点

アウトリーチを具体的に行うためには、職員が身につけなければならない技術がある。アウトリーチの対象となるのは、福祉サービスの支援を拒否していたり、社会に対して不信感を抱いていたりする人々などである。窓口に相談に来る利用者とは、導入から対応方法と内容がまったく異なる。

◉**実践で必要な基本技術：**アウトリーチでは対象者との人間関係の構築からはじめなければならない。まず、福祉職員の活動（アウトリーチ）の目的を伝え、対象者と関わることを受け入れてもらうことから始まる。そのためには、対象者のプライバシーが守られ、尊厳が損なわれないことを伝え、その帰結として対象者からの信頼を得る面接技術が必要である。

例えば、福祉サービスを使えば生活が改善できることを対象者に納得してもらう説得力が求められる。また、対象者が社会的に望ましい行動を選択した場合には、その行動を報奨・評価し、対象者が行動変容を起こせるように支援することが有効である。

◉**「受容」と情報収集**：対象者への対応の基本は、対象者を受容することからはじめ、包括的にアセスメントすることが必要となる。アウトリーチを行う支援者に対して対象者が協力的でなく、情報提供が少ない状況下で適切なアセスメントをするためには、対象者への訪問活動に加え、家族、近隣住民、地域の民生委員などから主体的に情報を収集しなければならない。

3 アウトリーチを行うための環境を整備する

福祉職員がアウトリーチを行うためには、法人の積極的なバックアップが不可欠である。まず、職員が地域に出てソーシャルワークができる人的配置を法人・事業所内に設ける必要がある。そのためには地域での活動を法人業務として位置づけることが第1ステップである。次に職員がアウトリーチの職務につけるように法人内の業務配分を調整したり、アウトリーチに必要な教育を受けさせるなどの支援を、法人として行うことが求められる。

◉**地域とのネットワーク**：アウトリーチを行うためには、法人・事業所のある地域とのネットワークが必須である。地域の人々が福祉サービスの支援拠点として法人・事業所を認識できるように、福祉教室や生活相談会などを開催し、地域の福祉拠点としての役割を担うことで地域との関係を構築する必要がある。広報誌やチラシの配布といった活動も有効である。

アウトリーチによって、支援が必要になった対象者に対して問題解決の一翼を担える柔軟なサービスができる組織体制が必要になる。問題解決ができる法人・事業所であることを地域社会や関連機関が認知すれば、困難なケースの情報が集まりやすく、地域支援がより展開しやすくなる。

◉**組織内のバックアップ体制**：職員が地域で活動するためのバックアップ体制が物的、人的の両面において欠かせない。物的には地域活動するために必要な携帯できる通信機器、情報の管理ができるパソコンなどを準備する必要がある。人的な支援としては、地域活動する職員に加えて、地域活動を支援する内部スタッフを配置し、地域活動する職員を孤立させないことが重要である。また自治体等との連携は不可欠である。

●図表２－４　アウトリーチのプロセスと展開

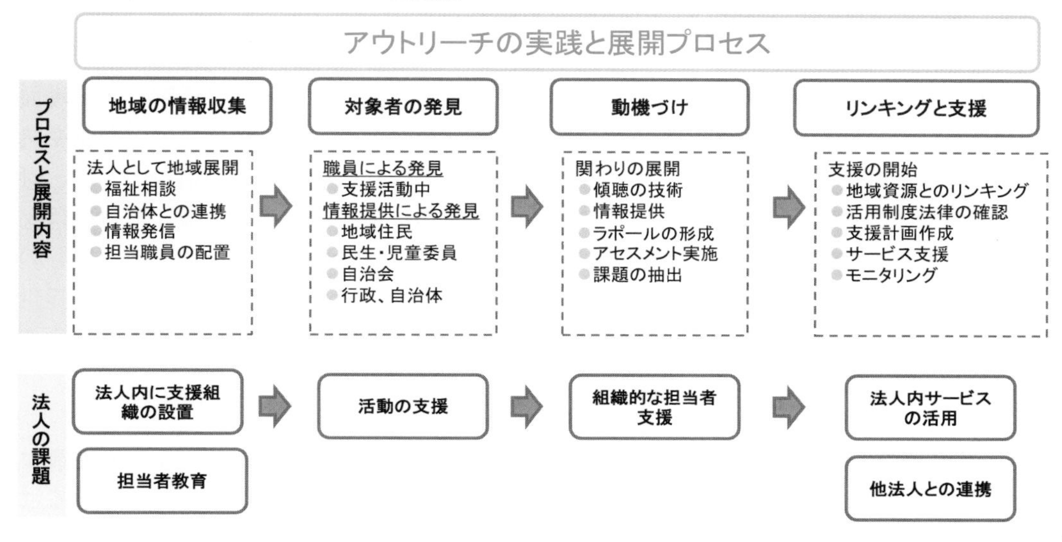

（著者作成）

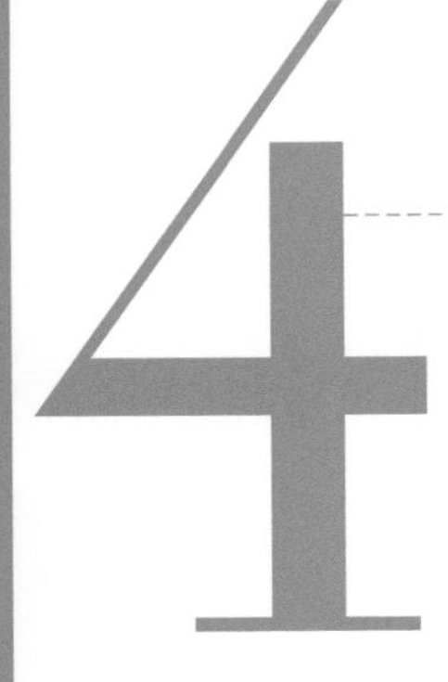

地域共生社会の考え方を理解する

1 「地域共生社会」を打ち出す背景

現在、介護保険法、障害者総合支援法、子ども・子育て支援法などにより、各種福祉サービスが提供されている。しかし、支援課題が複合化・複雑化している世帯や、制度の狭間にあり支援が届かない人、支援を必要としながら自ら相談する力がない人、地域で孤立している個人や世帯などの存在が浮き彫りになっている。

こうした個人・世帯を確実にアプローチし、生活支援や就労支援等を一体的に行うことで、支援を必要としていた人自身が地域の支援者にもなるような仕組みが求められる。

言い換えれば、「断らない」福祉あるいは「たらい回しにしない」福祉を実現するために、「待ち」の姿勢ではなく、地域の関係者総出で新たな福祉の仕組みを構築し、誰もが安心して生活できる地域を構築することが、「地域共生社会」の目指す方向である。

2 地域共生社会のキーワードを理解する

◉**「縦割り」から「丸ごと」へ：**戦後から今日に至るまで、わが国の福祉サービスは、高齢者、障害者、子どもなどの対象者ごとに福祉制度を整備し、充実を図ってきた。しかし昨今、複数の課題を抱える人や世帯が顕在化している。例えば親が80代、子どもが50代で引きこもり、生活に行き詰まる「8050（はちまるごーまる）」問題や、一世帯で複数領域の課題を抱える世帯、さらには、障害者手帳を取得していないが障害が疑われる人などである。いずれも、制度の狭間に陥りやすい世帯や個人であり、その支援が課題として浮き彫りになっている。こうしたなかで、縦割りの支援だけではなく、関係者がネットワークを組み、人も制度も包括的に（丸ごと）課題に対応することが求められている。

◉**制度・分野を超える：**複合化・複雑化した課題をもつ個人・世帯は、福祉の範囲を越えて、教育や就労など多岐にわたる課題を有していることが少なくない。個人・世帯を丸ごと支援するためには、福祉専門職が、他分野の専門職等と日頃から「顔の見える関係」を構築し、必要なときに素早く連携できる体制を準備することが求められる。

◉**受け手と支え手の枠組みを越えて：**認知症の高齢者が「支え手」として活躍できる場面は多くある。例えば、家庭やグループホームでの家事の手伝いなどがある。地域でも、食堂や農作業を手伝う認知症高齢者がいる。しかし、福祉専門職は病名や社会福祉制度を前提として、対象者を判断しがちではないだろうか。人はどのような状態であっても、社会、地域、あるいは集団において役割をもち、行動することで自律し、生涯成長する存在であることを理解し、既存の枠で簡単に峻別することは避けなければならない。福祉に従事する者は、制度やサービスを提供する媒介者・提供者だけではなく、当事者が他者への「支え手」として活躍できる場を創造する役割があり、自身の創造力を発揮して可能性を広げていくことが求められる。

◉**「他人事」から「我が事」へ：**「他人事ではなく、我が事として捉えるべき」を実践するには、様々な困難を伴う。加えて、「あるべき」ことと押し付けることは不要な反発を招くことが危惧される。「総論賛成、各論反対」の原因には、知識や情報の不均衡があることが多い。専門職として地域に情報の不足、偏在がないかをアセスメントしていくことが重要である。私たちの社会には、虐待・ＤＶ、認認介護、消費者被害、薬物依存、生活困窮、孤立死、自殺などの社会問題が今も絶えない。結果としてこうした問題に自分や家族、知人が巻き込まれるリスクは決して低くはない。他人事と放置できることではない。こうした社会や地域の問題の背景の一つである「社会的孤立」に目を向け、地域づくりに積極的にかかわることが、福祉に従事するすべての役職員に求められている。

3　包括的支援体制を理解する（社会福祉法第106条の3）

◉**包括的支援体制を理解する（社会福祉法第106条の３）**：2017（平成29）年５月、社会福祉法が改正され、第106条の３に「包括的な支援体制の整備」が追加された。以下の３つの施策（機能）が掲げられている。これらを地域の実情に応じつつ、地域生活課題の解決に役立つ支援が包括的に提供される体制を整備することを、市町村に努力義務として課している。（**図表２－６**参照）

【１】他人事を「我が事」として捉えていくような働きかけをする機能の整備
【２】住民の課題を「丸ごと」受け止める機能と場の整備
【３】多機関協働のネットワークと、その中核を担う機能の整備

◉**重層的支援体制整備事業（社会福祉法第106条の４～第106条の11）**：　2020（令和2）年6月、さらに社会福祉法が改正され、重層的支援体制整備事業が位置づけられた。これは前述の包括的支援体制を整備するための一つの方法として提示されており、現段階では市町村の任意で行う事業である。具体的には、「相談支援」「参加支援」「地域づくりに向けた支援」の３つを一体的に行うこととし、これを行う場合には、既存の補助金等を再編し新たな交付金を創設することで、複合課題丸ごと、世帯丸ごと、とりあえず丸ごとで課題を早期に受け止め、地域のなかで支援していく仕組みの構築を目指すものである。

●図表２－６　地域における住民主体の課題解決力強化・包括的な相談支援体制のイメージ図

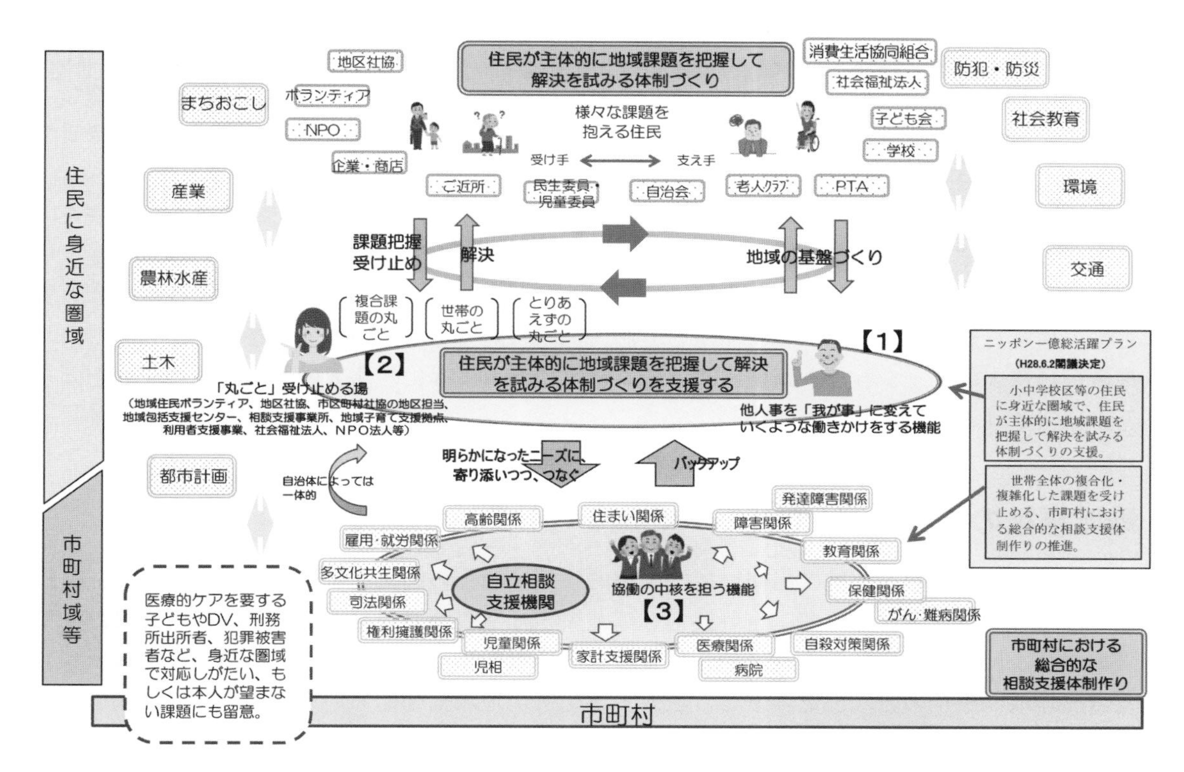

（資料）厚生労働省

法人の理念や活動を地域社会に浸透させる

1 法人のミッションと行動規範を再確認する

福祉サービスを提供する法人には、非営利法人と営利法人があり、その根拠となる法律が異なるため法人の本来の目的や性格が異なることは否めない。しかし、税や社会保険料を財源とする福祉サービスを提供する法人としては、その公共性、社会性を考慮した行動が求められる。

◉**地域福祉の向上へ果たす役割：**福祉サービスを行う法人は、利用者の福祉の向上に資することはもとより、法人が活動する地域の福祉の向上にも努めなければならない。そのためには地域の関連機関との連携に加え、自治体、コミュニティとの連携は欠かせない活動である。報酬の対象となりにくい地域活動には抑制がかかる傾向があるが、福祉サービスを担う法人には、社会貢献、地域連携は不可欠である。福祉サービスの公共性を管理職員は真摯に受け止める必要がある。

◉**法人のミッションで地域の福祉を支える：**地域の福祉を担う自治体、社会福祉法人、地域住民、自治会との交流を深め、連携を取り合う関係を築くことが福祉を担う法人の重要な経営課題である。法人で利用者の福祉を向上させることは、地域福祉を向上させることと同義ではあるが、社会福祉サービスを提供する法人には、法人内の利用者以外の地域の潜在的サービス需要者に対して積極的に関わることで法人のミッションを実現することが求められる。そのためには、法人自身のミッションを地域住民や自治体、関連社会福祉法人に対してわかりやすく伝えることが管理職員の重要な業務である。

どのようなミッションを掲げ、どのように地域の福祉に貢献するのかを言葉（ミッションステートメント）と福祉の実践を通して示さなければならない。管理職員は地域において法人を代表するひとりとして、地域に出る機会を自ら作ることが役割である。また、法人内の業務を調整し、職員が地域で活動できる体制をつくることが期待される。しかし、地域の活動に職員の労働時間を割くことは、法人の収入に影響する重要な経営課題である。

地域における法人の役割を果たすために職員を増やすといった解決策だけではなく、法人内の職員の業務の効率や生産性を高め、地域での仕事に時間を割ける職員を生み出す工夫を実践する事が、管理職員には求められる。業務の効率や生産性を上げるには、職員個人の努力では限界がある。管理職員がリーダーシップを発揮して法人部門の組織をあげて取り組むことが必要であり、管理職員は法人のミッションを地域においても実現できるように、法人内の業務にも注意をはらうことが期待される。

2 地域福祉の福祉資源として法人を機能させる

法人・事業所自らが地域に出向いて、積極的に地域福祉の向上を目指すことと同時に、自治体や他の法人のパートナーとして、言い換えれば地域の社会資源のひとつとしての役割を果たすことも求められる。法人・事業所が地域の社会資源として機能するために、管理職員は自治体を中心とした当該地域の福祉の方向性を理解し、法人・事業所が地域福祉においてどのような役割を担えるかを明らかにする役割を担う。具体的には、法人・事業所のある地域の地域福祉計画などの計画立案に積極的に関与する姿勢が管理職員には求められる。

◉**地域支援のための役割や情報の開示**：管理職員は地域における法人・事業所の役割を職員に伝えるとともに、現場の福祉サービススタッフに対して具体的な支援姿勢を示さなければならない。例えば、地域福祉のための専門職を組織内に配置し、業務として地域支援を支える姿勢を示すことが求められる。あわせて、介護や生活支援サービスと同様に、地域での役割を果たすために教育コストをかける必要がある。

3 地域福祉計画における法人の役割と責任を果たす

福祉サービスを提供する法人であれば、地域においてどの程度の福祉サービスを供給できるのかを見通しておくことが必要である。福祉サービスは需要に応じて単純に供給量を増やすというだけではなく、地域の福祉計画にそったサービスの展開、供給の拡大が必要である。

社会福祉法人は利益を最大の目的とするものではないが、職員研修を行い、安定経営を図るためには、将来的なコストを含めた収支の均衡を図ることが経営上求められる。したがって、管理職員は法人の将来の人員計画などをシミュレーションし、地域福祉計画をふまえて、どのようにサービスの供給を増やすか、あるいは、縮小させるかを考え、経営資源の集中と選択を行い、経営の安定化を図る必要がある。

●図表2－7　社会福祉法人「アクションプラン2020」の全体像（イメージ）

社会福祉法人の使命（社会的責任）の遂行

社会、地域における福祉の充実・発展

①社会福祉事業を主とした福祉サービスの供給主体の中心的役割を果たす
②制度の狭間にあるものを含め地域のさまざまな福祉需要にきめ細かく対応する

公共的・公益的かつ信頼性の高い法人経営の原則

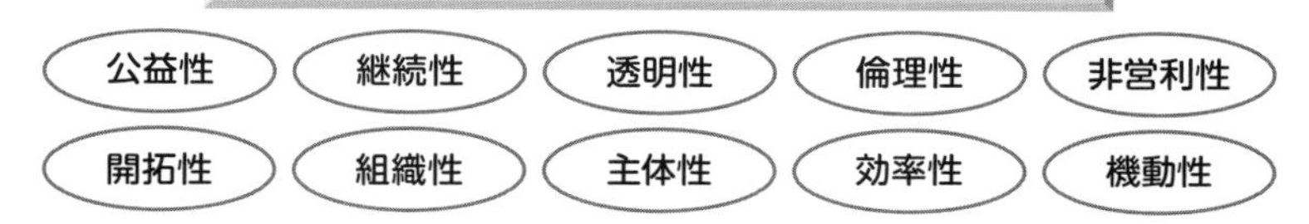

アクションプラン　2020
社会福祉法人行動指針（社会福祉法人に求められる取組課題）

Ⅰ．利用者に対する基本姿勢
①人権の尊重　②サービスの質の向上
③地域との関係の継続　④生活環境・利用環境の向上

Ⅱ．社会に対する基本姿勢
⑤地域における公益的な取組の推進
⑥信頼と協力を得るための情報発信

Ⅲ．福祉人材に対する基本姿勢
⑦トータルな人材マネジメントの推進　⑧人材の確保に向けた取組の強化
⑨人材の定着に向けた取組の強化　⑩人材の育成

Ⅳ．マネジメントに対する基本姿勢
⑪コンプライアンスの徹底　⑫組織統治の確立
⑬健全な財務規律の確立　⑯経営者としての役割

会員法人の重点課題

①サービスの質の向上　②地域における公益的な取組の推進
③信頼と協力を得るための情報発信　④人材の確保に向けた取組の強化
⑤組織統治（ガバナンス）の確立

支　援

全国経営協　ブロック協議会　都道府県経営協

社会・経済環境の変化　経営環境の変化　諸改革の進行

地域の福祉課題の多様化

（『社会福祉法人アクションプラン2020』全国社会福祉法人経営者協議会、2016年、14頁より一部抜粋）

前巻までのポイント

福祉サービスの基本理念と倫理

以下の内容は、『福祉職員キャリアパス対応生涯研修課程テキスト』〔初任者・中堅職員・チームリーダー編〕の第2章のポイントを抜粋したものです。

1 福祉サービスの基本理念【初任者編・第2章第1節】

■社会福祉は、人間が本来もつ生きる希望と独自の力を引き出し、人が生涯にわたり自分自身の尊厳をもって、豊かな生活を実現できるように支援することをいう。

> 福祉サービスの基本的理念〈社会福祉法〉
> 第3条　福祉サービスは、個人の尊厳の保持を旨とし、その内容は、福祉サービスの利用者が心身ともに健やかに育成され、又はその有する能力に応じ自立した日常生活を営むことができるように支援するものとして、良質かつ適切なものでなければならない。

2 福祉職員に求められる5つのポイント【初任者編・第2章第1節】

1. 利用者の権利、人権を保障する
2. 利用者の秘密保持
3. 利用者の代弁者
4. 専門知識・技術の向上
5. 社会への働きかけ

（著者作成）

3 利用者を過去・現在・未来の時間軸で理解する【初任者編・第2章第2節】

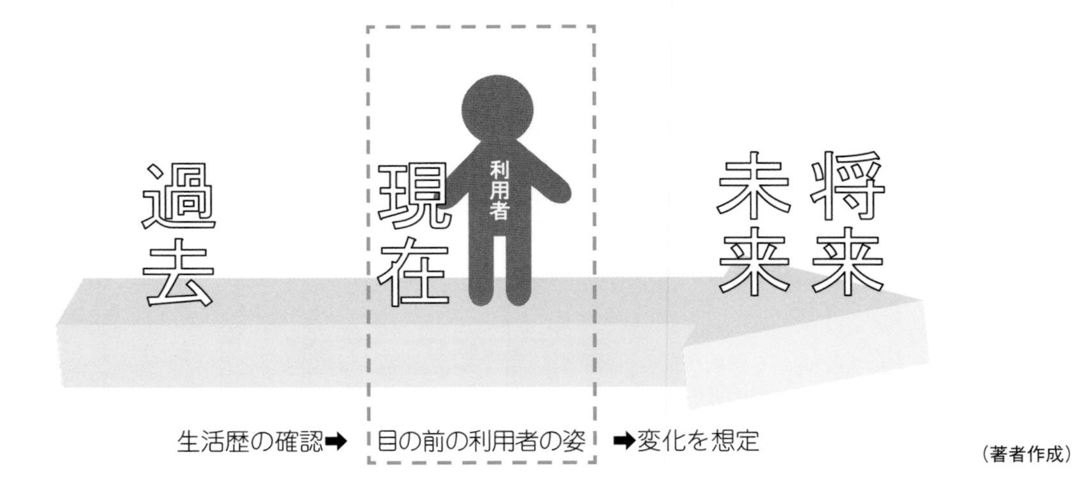

（著者作成）

4 ケアマネジメントにおけるストレングスの応用【中堅職員編・第2章第4節】

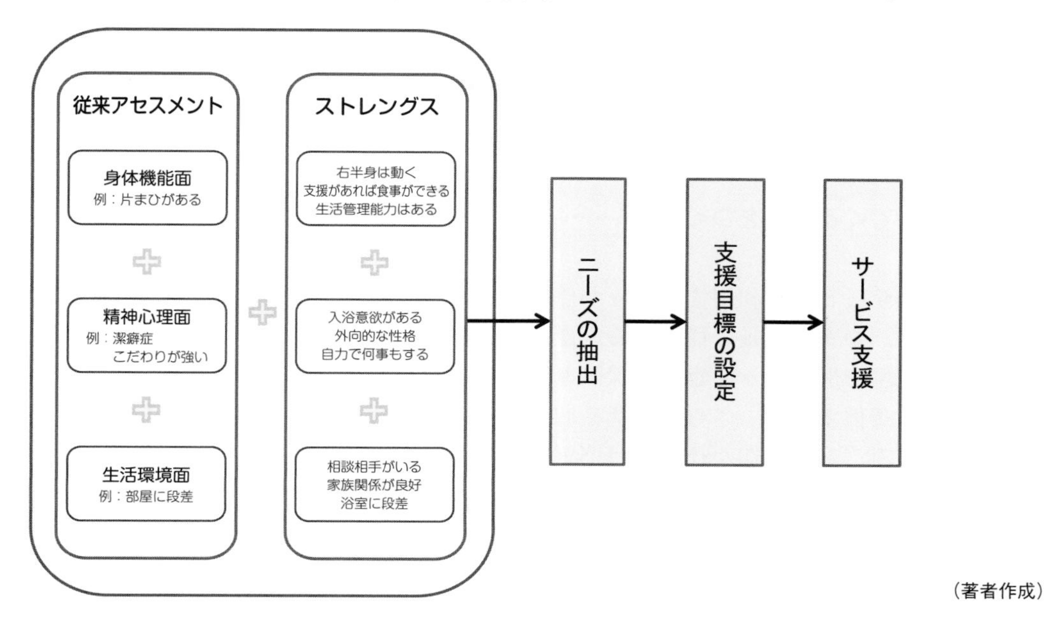

（著者作成）

5 対人サービス・福祉サービスの特性【初任者編・第2章第4節】

（著者作成）

6 福祉サービスの評価体系【中堅職員編・第2章第5節】

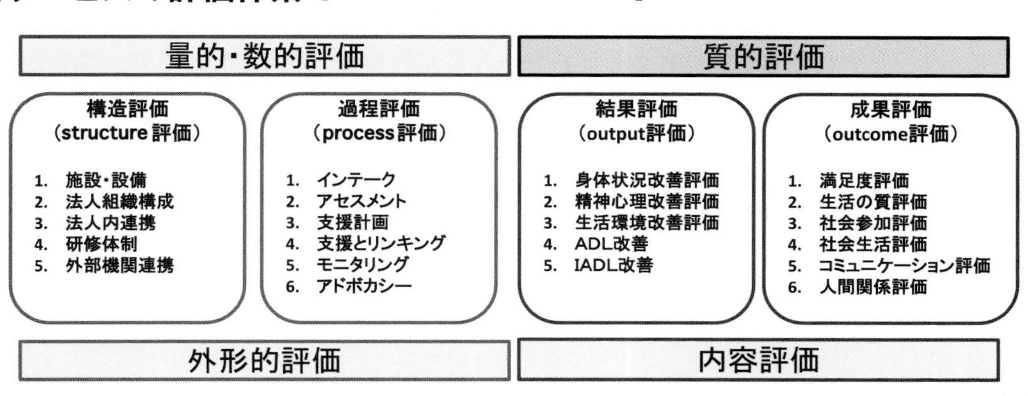

（著者作成）

ティータイム

誇りある職場づくり

人が集まってくる職場をつくる

- 福祉サービスを利用する人々が尊厳を保ち、その人らしい生活を実現するためには、支援する人々、つまり福祉に従事する人たちの仕事が適切でなければならない。適切な仕事とは、福祉の現場で働く人々の権利が保障され、その福祉の仕事によって適切な収入が得られることが第一の条件である。さらに生活や収入の保障だけではなく、福祉現場で働くことに誇りと喜びがもてることが適切な仕事には不可欠であるといわれている。
- 福祉従事者の仕事は適切な仕事として、社会から認知され、仕事につくことが誇りとなるような仕事となっているだろうか。管理職員は、その職場を誇りのもてる職場にする責務がある。しかし、一般のビジネスとは異なり、サービスの内容や報酬が法律で決められ、経営者が裁量を発揮する場面が少なく、制度に依存することも多いため、できることには限界があると感じている管理職員もいるかもしれない。
- たしかに福祉が適切な仕事となるには、国民の理解、コンセンサス、さらに適切な仕事になるような制度の構築も課題となっている。これらのことは一施設の管理職員の力の及ぶところではないことも事実である。しかし、自身の組織のなかで福祉の仕事を評価し、そこに従事する職員の就労満足度を上げることは可能ではないだろうか。

法律・制度の下、経営の知恵で職員と利用者を守る

- 例えば、報酬は、ベテランが支援しても初任者が支援しても変わらないが、ベテランに仕事の責任と誇りをもってもらうためには、責任ある仕事には手当をつけ、収入に傾斜をつけることが必要だろう。さらに、初任者から管理職員までの階層を明示し、各階層で求められる仕事内容とそれによって与えられる責任と報酬を明示することが、そこで働く職員が人生設計を立てていくためのよりどころとなる。
- 福祉の職場を辞める理由として多いのが、先が見えない、見通しが立たないということである。どのように能力を高めればどのような仕事につけるようになるのか、収入を上げるにはどのような課題があるのかを見通せることが大事なのである。適切な仕事はまず法人・事業所のなかで管理職員がつくることができる。法人・事業所において福祉の社会的意義を説明し、３年先、５年先、さらには定年までを見通せるキャリアパスを示し、そこで働く職員が目標と課題を認識できる環境が整うことで、職場としての魅力が増す。
- 福祉サービスは法律や制度によって経営を左右されやすい環境にはあるが、職員が働く意義のある職場にすることは管理職員の裁量でかなりのところまで可能である。管理職員は福祉の仕事の意義を明確にし、そこで働く人々が人生を懸けられる仕事に仕立てていくことが重要な仕事だ。それが実現できてこそ、利用者への支援も十分なものとなる。管理職員の仕事は利用者と職員の人生をつくることに近い。それだけに責任も重いが、やりがいのある仕事である。

第3章

メンバーシップ

組織・部門管理者としてのリーダーシップの醸成（じょうせい）

目標

◉法人・事業所、部門・部署を束ねる管理職員には、組織が果たすべき目標を着実に達成していく「実現力」の発揮が求められる。

◉この重要な役割を担う管理職員となるために、第3章では次の5点について学びを深める。

◇管理職員が担うべきリーダーシップ。適切かつ的確なリーダーシップを発揮し、組織を利用者本位サービスが結実する法人・事業所へと導くための基本視点と手法を学ぶ

◇現場を理解したリーダーとなるための基本技法を学ぶ

◇働きがいが実感できる組織文化の醸成。誰もが「やりがい」を実感しながら働ける組織とするための視点と技法を確認する

◇各部署、各チーム内で掲げた目標が達成できる組織体制を整えるための基本的視点。それを実現するための管理職員の役割を学ぶ

◇管理職員としての使命の確認。さらには、自らが責任をもつ組織のなかに、高業績組織の特徴を組織文化として根づかせるための取り組みを学ぶ

構成

1 リーダーシップの意味を理解し、醸成する

1 「実現力」を発揮する

組織に所属する人は、誰もがフォロワーシップとリーダーシップの2つを発揮することが求められる。フォロワーシップとは社会福祉の実践理念や職業倫理、各種法令を忠実にフォロー（遵守）していく姿勢を示していくことをさす。リーダーシップとは法人・各事業所・各部門・各部署が、その使命と役割を存分に果たせるようあるべき方向に導くことをさす。

この重要な職責を担ううえで忘れてはいけないのは、責任の重さだ。職員としての階段を上れば上るほど、職責は重さを増していく。果たすべき責任のレベルは確実に上がる。管理職員の立場になれば、目標達成に向けて行動を起こすレベルから、行動を起こし着実にやり遂げることが求められるレベルへと上がっていく。「実行力」が求められるレベルから、「実現力」を発揮することが求められるようになる。

いま、福祉の世界で働く管理職員には、フォロワーシップとリーダーシップが適切かつ的確に発揮される組織体制の整備に向けて、「実現力」を示すことが期待されている。

2 利用者本位サービスの実現を目指す組織文化を醸成する

管理職員が果たさなければならない重要な使命のひとつは、利用者本位サービスと権利擁護へと突き進む「組織文化」の醸成である。

ここでいう組織文化とは「組織のメンバーが共有し、新しいメンバーに正しいものとして教えられる一組の価値、ガイドライン的信念、理解のしかた、考え方」をさす[1)]。

管理職員が気をつけねばならないのは、組織文化は「一方では組織メンバーを共通の価値観や行動様式などによって結束させ、チームワークを高める働きをするが、他方では内部の結束と安定を最優先事項に置く官僚主義的業務スタイルをつくりあげてしまうというマイナスの側面をもつ」という点だ[2)]。

正しい価値観や方針に基づく組織文化をベースとして運営されている組織は右肩上がりのレベルアップが図れるが、利用者本位サービスとは相反する誤った価値観、人間観、支援観で運営されている組織は、衰退の道をたどりやすくなる。この状況が続けば、組織は低レベルの業務実践が行われる「権利侵害の巣窟」と化すケースさえある[3)]。

管理職員が目指すのは、右肩上がりの上昇カーブを描く組織文化の醸成である。利用者本位サービスと権利擁護の実現に向けて、着実にレベルアップを果たしていく組織文化の醸成である。

正しい組織文化を事業所全体に植えつける最も有効な方法は、どのような組織文化の醸成が必要なのか、職員に何度も繰り返し、語り続けることである。組織文化が強固な形で定着するまで、忍耐強く伝え続ける。こうした姿勢が、管理職員には求められているのである。

3 3つの側面から見たエンパワメントを実現する

管理職員は3つの側面から捉えたエンパワメントの実現に向けて、強力なリーダーシップを発揮しなければならない（図表3－1参照）。

◉利用者エンパワメント（User Empowerment）：利用者がもてる力を存分に発揮することを妨げ

る、さまざまな要因を特定し、それらの要因の除去・解決に向けて行動を起こすことを目指した取り組みをさす。管理職員として、運営管理に関わる部署が、そして、そこで働く部下が、この重要な役割を果たせるようサポートする。阻害要因が、法制度の不備にある場合は、管理職員として、法人・事業所を代表して、法制度の改善を唱える行動を起こすことが求められる。

◉**ワークプレース・エンパワメント（Workplace Empowerment）**：組織の発展やレベルアップを妨げる組織内の要因、すなわち業務レベル向上阻害要因を特定し、その除去・解決に向けて、行動を起こす一連の取り組みをさす。阻害要因のなかには、業務手順に関するガイドラインの不備、共有すべき価値観が不明確、各チーム・部署の連携を高めるシステムの不備、幹部職員・管理監督の立場にある職員の連携不足あるいは協力関係の欠如、組織運営に関するリーダーシップの欠如などが含まれる。

◉**スタッフ・エンパワメント（Staff Empowerment）**：社会福祉の最前線で、サービス提供に携わるスタッフが、もてる力を存分に発揮できるようサポートしていく一連の取り組みをさす。

いま、福祉マネジメントの世界では、「スタッフのエンパワメントが図れなければ利用者のエンパワメントは図れない」「スタッフのエンパワメントが利用者エンパワメントの前提条件である」との主張が声高に叫ばれている[4]。

例えば、ソーシャルワークを専門とするニール・トンプソン（Thompson, N）は「職員もマネジャーも、彼ら自身のエンパワメントが行われていなければ、他者のエンパワメントの促進に従事するのは困難を極めるということを思い知るであろう」と主張している[5]。エンパワメントの理論と実践技法についてまとめたブレイとプレストン・シュート（Braye, S & Preston-Shoot, M）も、福祉領域で働く者が組織のなかで、尊重され、十分な力を発揮できるようエンパワメントされることが、利用者のエンパワメントに寄与する職員となるための前提条件になるとの見解を示している[6]。

組織運営に管理監督者として関わる人は、どのようにしてスタッフの成長を妨げる阻害要因の除去を図っていくか、いかにしてスタッフが力を発揮できるシステムを整備するか、を常に考え、適切な方策を講じることが重要な責務となる。管理職には、真の意味でのスタッフ・エンパワメントを実現することが期待されている。

1）ダフト、R.L.『戦略と意思決定を支える組織の経営学』ダイヤモンド社、2002年、p.190
2）久田則夫「どうすれば虐待や権利侵害行為との決別が図れるか～利用者本位サービス時代を担う事業所となるために取り組むべきこと」『介護福祉』夏季号No.70、社会福祉振興・試験センター、2008年、pp.130～131
3）久田則夫「変革の時代に施設長が果たすべき使命と役割」『月刊福祉』第95巻第4号、全国社会福祉協議会、2011年、p.13
4）久田則夫「社会福祉実践を支える協働とエンパワメントの方法～職員のエンパワメントが図れなければ利用者のエンパワメントは図れない～」『社会福祉研究』第105号、鉄道弘済会、2009年、pp.75～83
5）Thompson, N.（2007）Power and Empowerment, Russell House Publishing, Dorset, p.32（引用部分は筆者訳）
6）Braye, S. and Preston-Shoot, M.（1995）Empowering Practice in Social Care, Open University Press, Berkshire, pp.69-71

●図表３－１　管理職員が実現を目指す３つのエンパワメント

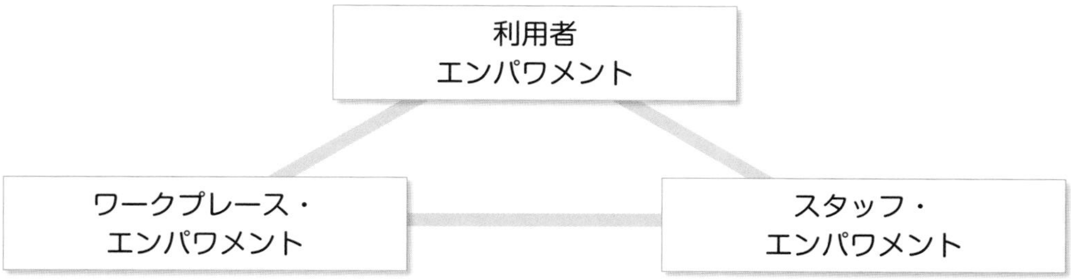

利用者エンパワメント

ワークプレース・エンパワメント

スタッフ・エンパワメント

（著者作成）

管理職員としての姿勢を身につける

1 最前線の現場で何が起こっているか理解する

管理職の立場にある職員の最も重要な仕事は「実現力」の発揮である。法人・事業所や各部署が掲げる理念が、適切な手段と方法で実現していくよう力を尽くす。実現が難しい状況にある場合は、状況を精査したうえで、適切な改善策を講じ、理念の具現化をサポートする。

この重要な役割を果たすうえで最も重要なポイントとなるのが、「現場で何が起こっているのか」、的確な状況把握である。把握に向けた第一歩は、「現場主義」を行動として示すことから始まる（図表3－2参照）。

これらの取り組みに着手するうえで、気をつけねばならないポイントが1点ある。現場に顔を出すだけでは、「現場主義」が実現できるとは限らないという点だ。問題はどれくらい顔を出したか、といった数量的部分ではない。顔を出して何を学び、どのような行動を起こしたかである。どのような課題や問題の解決に向けて、行動を起こし、何をやり遂げたか、実績を示せる管理職員を目指さなければならない。

2 「利用者の権利」を支え、フォローしていく

部下が一致協力して、役割を果たしていくためには、何を実現するために働くのか、職種、職階、雇用形態にかかわらず、全ての職員が共通認識をもつことが必要である。その際に、最も重要な役割を担うのが、管理監督者の立場にある職員である。

所属する法人が掲げる運営理念、使命、方針の実現を職員に呼びかける。各事業所・各部署・各チームが掲げる目標の確認と実現を、チームリーダー等と連携を組みながら働きかけていく。

同時に取りかからなければならないのは、利用者の権利を着実に支えていくための活動である。権利擁護は利用者本位サービスの実現の根幹部分にあるものであり、職員が一致協力して実現しなければならない重要な使命であるからだ。

組織が一致協力して、取り組まねばならない「利用者の権利」は次のように整理できる。

- 地域社会のなかで当たり前の生活を送る権利
- 個別ニーズに基づく支援を受ける権利（個別ケアを受ける権利）
- 質の高いサービス（支援・介護・保育サービス）を受ける権利
- 知る権利（必要な情報を、本人が理解できるようわかりやすく提供してもらう権利）
- 必要なサービスを適切な支援を受けながら選ぶ権利（自己決定・自己選択権）
- 意見、要望、苦情を述べる権利
- 現在、有する力を適切な支援によって維持する権利
- 新しい何かにチャレンジする権利（潜在能力を開花していく権利）
- プライバシー個人情報保護に関する権利
- 自己尊重の念と尊厳を維持する権利（常に敬意を受けながら生きていく権利）

3 部下の成長をサポートする

管理職員の重要な仕事のひとつは、部下のエンパワメントを図ることである。各職員が存分にそ

の力を発揮できるよう、サポートしていく。強い使命感をもって働ける職場環境を整える。プロとして知識や技術を高めるための研修の機会を整備提供する姿勢を示さねばならない。

誰もが気持ちよく働ける環境をつくるためには、部下として働く職員に笑顔で挨拶する、ねぎらいの言葉をかけるなど、部下に対する「思いやり」を明確な形で示すことが重要である。上司が示す「思いやり」が、部下の立場で働く職員の法人・事業所や部署に対するコミットメントを強化する。つらい状況に陥ったとき気持ちを奮い立たせる原動力となる。

4 変革実現のプロセスを理解し実行する

よりよきサービスの実現は、管理監督者の立場にある職員が果たすべき重要な責務のひとつである。この重要な役割を果たすには、組織をよき方向に導くための行動に着手しなければならない。具体的にはハーバード大学教授ジョン・コッター（Kotter, J.P）が示した変革のプロセスに取り組むことが必要となる[7)]。

- 危機意識の共有（組織メンバー全体でなぜ変革に取り組む必要があるのか、危機意識を共有する）
- 変革に向けて改善に取り組むプロジェクトチームの作成（小規模法人の場合は、新たなチームをつくるのではなく各部署レベルで取り組むという方法でよい）
- 変革に向けて、どのようなビジョンをもって進むのか、どのような課題や問題の解決を目指すのか、改善計画の策定
- 改善計画の呈示（組織メンバーの合意を得たうえで、実行に移す）
- 進捗状況のチェック
- 改善に取り組み、うまくいった業務手順や方法などを組織文化のひとつとして定着化

7）ここで示した変革のプロセスは、John Kotter らが次の文献で示したものを、福祉職場の現状に合わせて作成し直したものである。Kotter, P. & Cohen, D.S. (2012) The Heart of Change : Real-Life Stories of How People Change Their Organizations, Boston, Harvard Business School Press.

●図表３－２　「現場」ではいろいろなことが起こっている

最前線の現場に足を運ぶ

部下に声をかけ、生の声を聞きとる

業務日誌、介護・看護記録などに目を通す

会議の際に示される報告から課題や問題を把握する

（著者作成）

職員間の信頼関係の構築に貢献する

1 やりがいが実感できる組織づくりを目指す

組織に所属する誰もが、やりがいを実感しながら働ける組織文化をつくりあげるのは、管理職員の重要な使命である。ストレスにさらされる状況にあっても、やりがいの実感が、自己の感情をコントロールしながら、よい仕事をし続けることができる心の支えになる。難局に直面しても、職員が支え合いながら、問題解決を図っていくチームワークの源泉となる。

やりがいを実感しながら働ける組織づくりをするには、何が働きがいを生み出す要素になるか、何が職務満足度や職務充実度を高める要素となるか、把握しなければならない。必須要素となるのは、職業人として働く人であれば誰もが無意識のうちに強く欲している「根源的欲求」の充足である。管理職員は「5つの根源的欲求」が満たせる組織文化と組織体制の整備に向けて、行動を起こすことが求められている（図表3－3参照）。

2 モチベーション向上の司令塔になる

管理監督者の立場にある職員は、所属するメンバーが高いモチベーションをもって働ける組織文化の醸成に努めなければならない。この役割を果たすうえで重要なポイントとなるのが、部下の働きに対して、「認め上手」「ねぎらい上手」になることである。

部下の働きを認め、ねぎらう点について、上司が示すべき基本姿勢は、感謝の気持ちをこめた明確なメッセージを送ること、である。組織・チーム・部署への貢献に対して、心から感謝していることを、相手が実感できるよう伝える。

なぜ、明確に相手が実感できるよう伝える姿勢が必要なのか。心の底から思いをこめて、感謝とねぎらいの気持ちをなんらかの形で示すことが必要なのか。それは、部下に対する感謝とねぎらいの気持ちは以心伝心ではほとんど伝わることはない、というコミュニケーションの基本特性があるからだ。

3 職員の顔と名前を覚える

法人・事業所が大規模な場合、管理監督者の立場で全ての職員の顔と名前を覚えるのは至難の業かもしれない。たとえそうだとしても、部下である職員とよい関係をつくりだすリーダーを目指すのであれば、その努力を惜しんではならない。まずは、可能な範囲あるいは現実的な範囲で十分である。部下として働く人たちの名前を覚え、職場で顔を見たときには、名前を呼んで声をかけるようにする。感謝の気持ちを述べる場合も同様である。

なぜ、この取り組みが必要なのか。部下の立場からすれば、自分よりもはるかに上位にある上司から、「○○さん、こんにちは」と名前で呼ばれるのは大きな喜びにもなるし、励みにもなる。「施設長（介護部長）は私のことを覚えてくれたんだ」。その思いが組織に対するコミットメントを高める重要な要素になる。

4 チームワークが十分に機能しないときに支援の手を差しのべる

社会から高い評価を受けている事業所であろうとも、完璧な組織などない。各部署レベルで見ていくと、さまざまな問題や課題は確認できる。部署内の人間関係あるいはチームワークという点から見れば、問題を抱えているケースも少なくない。

大切なのは、自分が管理監督する事業所や部署内に、チームワークが機能しない現実がある場合、解決に向けて手を差しのばす姿勢を明確に示すことである。

最も有効な方法は傾聴である。各部署、各チームのリーダーの声に耳を傾け、どのような課題や問題があるのか、把握するよう努める。可能であれば、現場で働く職員の声にも耳を傾ける。そのうえで、チームが一丸となって動けるよう、アドバイスする。

●図表3－3　5つの根源的欲求

①達成欲求：目標達成にチャレンジしてやり遂げたいという欲求

職務をこなすなかで「やったぞ！」とガッツポーズをとるような達成感を抱きながら働きたいという欲求である。この欲求を満たすには、明確な目標を抱きながら働くことが必要になる。チームワークの向上という観点からいえば、チームで共通の目標を掲げ達成に向けて行動する。その結果、目標を成し遂げることが、チームとしての一体感、信頼関係の向上につながっていく

②成長欲求：組織に所属し勤務経験を積み重ねるなかで、職業人として成長したことを実感したいという欲求

1人の職業人として学ぶ努力を積み重ねると同時に、チームや組織レベルで学ぶ機会を共有していく。これがチームや組織メンバーとともに、成長欲求が実感できる組織づくりの第一歩となる

③貢献欲求：利用者の幸せ実現に貢献したい。生きづらさの軽減に貢献したい。よりよい暮らしの実現に貢献したいという欲求

業務のレベルアップ、チームとして成果を生み出すことに貢献したいとの欲求でもある。こうした思いを実感するには、自己のスキルをより高いレベルに磨いていく取り組みが必要となる

④連帯欲求：部署・チームなど、同僚・後輩・先輩・上司などと力を合わせて、何かを実現したいという欲求

孤独感を抱きながらの業務ではなく、信頼と連携で結ばれる組織環境のなかで働きたいとの欲求である。この欲求の充足には、組織目標を明確にし、共有する。達成に向けて、一致協力して取り組める組織体制の整備が必要となる

⑤承認欲求：自分の働きを適正かつ的確に評価し、「認めてもらいたい」という欲求

この欲求はチームメンバー同士、部署に属するメンバー同士が相互に「あなたのことを認めています」とのメッセージを送り合うことによって、ある程度は満たすことができる。ただし、承認欲求の充足に関して、最も大きな影響を及ぼすキーパーソンは、管理職の立場にある職員である。管理職員が率先垂範して、一人ひとりの職員の「承認の欲求」を満たす、との強い決意と行動が必要となる

（著者作成）

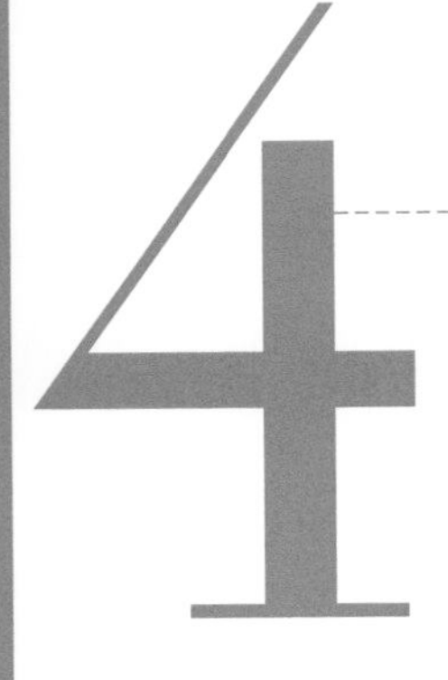

目標が達成できる組織体制を整備する力を身につける

1 業務目標を立案するときには「スマート（SMART）」の原則を遵守するよう働きかける

組織が掲げる業務目標、達成目標、改善目標などがうまく達成できない原因のひとつは、計画の立て方に問題がある場合が少なくない。

管理監督者として関わる法人・事業所・部署・チームの目標が達成できない状況に陥っている場合は、目標設定から達成計画立案の過程に問題がなかったか、点検する必要がある。

点検する際には、計画が賢明な形（SMART：スマート）で立案されたか、その一連の過程をチェックする視点が不可欠である。業務計画立案の際に留意すべき基本原則に基づいて、計画が立案されたか確認する。具体的には、次に示すSMARTの視点をもって、計画が立てられていったかどうかをチェックする作業に取りかかる（ここでいうSMARTは、計画立案の基本原則を意味する英語の頭文字に由来する表現である）。

◉**スペシフィック（Specific）……明確な：**業務目標、改善目標、達成目標として掲げられた目標は、どの職員が見ても何をするのかがわかる、明確な目標になっていたか。例えば、排泄ケアのレベルアップに関する目標の場合、「排泄ケアのレベルアップを図る」では明確な意図が職員間で共有できない。職員間で共有できる目標とするために「一人ひとりのニーズに応じた個別の排泄ケアシステムをつくりあげる」と意図や中身が明確なものに変更する。

業務目標は誰が見てもすぐに何をするのか理解できる、わかりやすいものでなければならない。もし掲げた目標の文言に問題がある場合は、わかりやすいものに変えるようアドバイスする。

◉**メジャラブル（Measurable）……どこがゴール（目標）なのか理解できる：**何をどこまで達成したら、目標達成と判断するのか、明確なゴールが示されていたか。不明確あるいは抽象的な目標だと、まだ十分に達成していないのに、「これでいい」と計画終了してしまう可能性が高くなる。この部分に問題があった場合は、「どこまで達成したら、目標達成できたとするのか」、誰が見ても理解できるようなゴールの設定に切り替える。

例えば、特別養護老人ホームで「利用者への言葉づかいを見直す」との目標が掲げられた場合を考えてみよう。これは、どこまで改善したら終了と見なすのか明示されていないので目標未達で終わる可能性が高い。達成の可能性が高いものとするためには、「認知症のある利用者に対して、第三者から見て子ども扱いをしていると誤解される言葉づかいや態度を改める」と、ゴールがわかりやすい目標に切り替える。

◉**アチーバブル（Achievable）……達成可能な：**そもそも目標が達成可能なものであったか。現在の法制度の枠組みのなかではとても達成できない荒唐無稽の目標ではなかったか、点検する。この点に問題があった場合は、現在、法人・事業所が有する人的・経済的資源のなかで、達成可能な目標に入れ替える。

◉**リレーティッド（Related）……関連した：**目標は、その部署やチームが行う日常業務に関連したものであったか、点検する。業務からかけ離れた目標の場合は、業務外で目標達成に取り組まなければならなくなる。職員への負担が重すぎるので、未達で終わりやすくなる。

この点に問題がある場合は、勤務時間のなかで達成に向けて貢献できるよう、現実的で業務に密接に関連した目標に入れ替えるようにする。

◉**タイム・リミティッド（Time-limited）……いつからいつまでに：**いつからいつまでに、どの部署の誰が中心となってやり遂げるのか、期間設定が明示されていたか。これらの点が不明確な場合、人まかせの集団心理がチーム内を覆ってしまいやすい。誰かがやってくれるだろう、あるいは、これは私の仕事ではない、との思いがチーム全体に広まり、何も達成できずに終わってしまう。この点に問題がある場合は、達成計画のなかに、いつからいつまでにどのような手順や方法で取り組むか明示する。それぞれの段階で責任を担う部署と職員は誰かを明示する。

2 組織内にはびこりやすい「マイナスの体質」を是正する

目標達成に向けて、組織が一丸となって突き進めるようになるには、組織内にはびこりがちな「マイナスの体質」との決別が必要になる。

「マイナスの体質」とは、組織をレベル低下のスパイラルに落とし込む組織文化をさす。管理職員が強いリーダーシップを発揮して決別すべき、「マイナスの体質」の類型は以下のとおりである（**図表３－４**参照）。

●図表３－４　「マイナスの体質」の類型

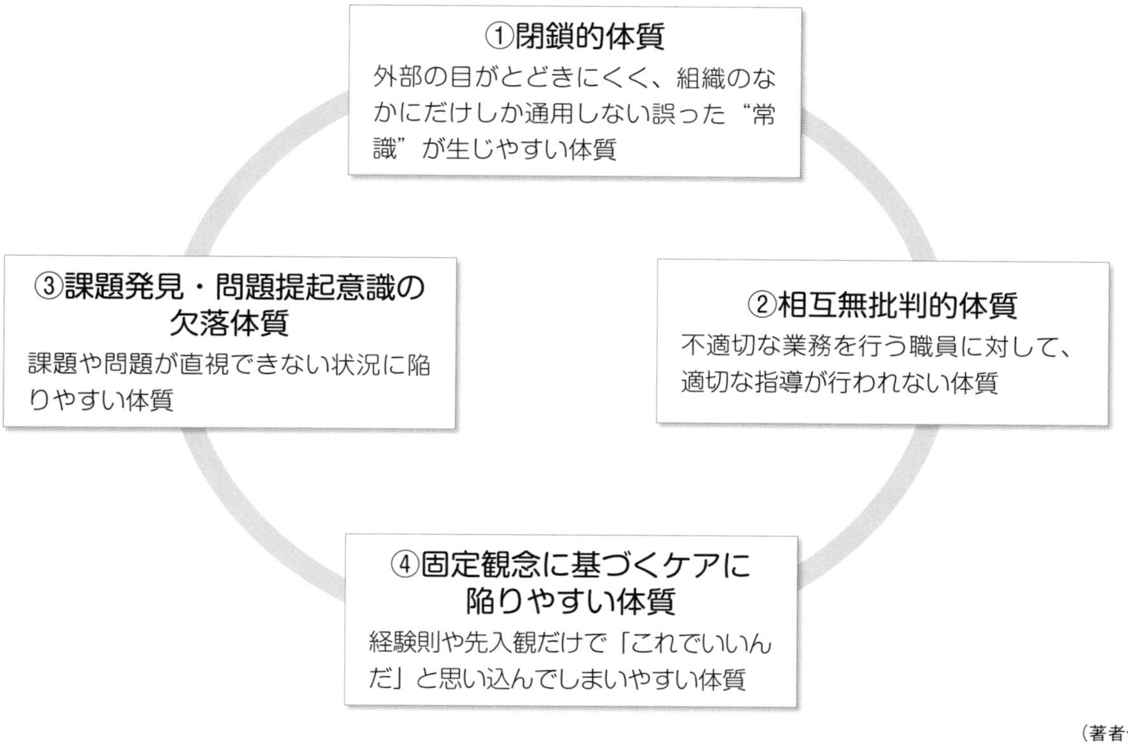

（著者作成）

組織の現状を点検し、課題を把握する

1 組織・部門管理職としての使命を再確認する

管理職員の最も重要な使命のひとつは、第1節で指摘したように、3つの視点から捉えたエンパワメントの実現である。

◉**利用者エンパワメント（User Empowerment）**：利用者がもてる力を発揮できるよう、彼らの生活の質の向上、能力開花、成長等を妨げる要因を把握し、適切な対応策を講じていく。

◉**ワークプレース・エンパワメント（Workplace Empowerment）**：職場の発展を阻害する要因を特定し、適切な対応策を講じて、職場が利用者本位サービスへと力が発揮できるよう導いていく。

◉**スタッフ・エンパワメント（Staff Empowerment）**：職員の成長を妨げる要因を特定し、成長阻害要因の除去に向けて適切な対応策を講じて、成長をサポートしていく。

管理職員は自ら管理監督する法人・事業所・部門・部署で、これら3つのエンパワメントが実践されているか、常にチェックする姿勢を示さなければならない。問題や課題が明らかになった場合は、すみやかに改善策を講じ、是正する。そんな決然たる姿勢が求められている。

2 組織文化を点検し、改善を実現する

組織をあるべき方向に導くためには、リーダーとして管理監督する職場が、どのような状況にあるか、精査することが必要である。そのうえで、明らかになった課題や問題の解決に向けてリーダーシップを発揮する。レベルアップに向けた改善策を講じていく。

その取り組みのひとつとして、「組織文化チェックリスト」（**図表3－5**参照）にチャレンジする。左側の欄が、高業績組織に共通に見られる組織文化、右側が低業績組織に見られる組織文化である。

それぞれの特徴に目を通し、自らが管理監督者を務める組織がどの状況にあるか、確認する。左側の特徴を示す項目についてはその状態がキープできるよう働きかけていく。右側の特徴を示す場合は、適切な改善策を講じて、高業績組織の特徴が示せるよう導いていく。

●図表３－５　組織文化チェックリスト

高業績組織の特徴		低業績組織の特徴
職員一人ひとりが、自分が果たすべき使命と役割を的確に把握している		ただ何となく働いている職員が多い（明確な目的意識がないまま働く職員が多い）
職員の表情が輝いている（職員の表情から、働く喜び、誇り、やりがいが伝わってくる）		職員の表情から働く喜びが伝わってこない（やる気のなさ、失望感が職員の表情や言動から伝わってくる）
利用者の表情に活気がある（利用者の言動から、法人・事業所や職員、サービスに対する安心感、満足感、期待感が伝わってくる）	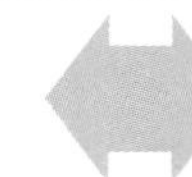	利用者の表情に活気がない（利用者の言動から、法人・事業所や職員、サービスに対する安心感や満足感が伝わってこない）
職業人として遵守すべき基本原則が重視されている（一つひとつの業務実践から、職業人としての基本原則を大切にしているという点が伝わってくる。職場全体を見渡すと、職業人としての基本姿勢・基本原則を大切にしているということが伝わってくる）		職業人として遵守すべき基本原則が軽視され、疎かになっている（客観的に見れば、基本原則から逸脱した業務が行われているのは明らかなのに、“きちんと守られている”と思い込んでいる職員が多い。あるいは、できていないことを認めようとしない職員が多い）
職員の何げない言動から、プロとしての凄さが伝わってくる（専門性の高さが伝わってくる）		経験や勘だけで業務を行っており、「なぜそのような手順や方法で業務を行うのか」、支援が困難な言動を示す利用者に対して、「なぜそのような対応・支援を行うのか」、説明できない職員が多い
過去数年間を振り返ったとき、自分たちが働く職場のどこが、どれくらいレベルアップしたのか、胸を張って答えられる点がいくつもある（業務の自己点検が定期的に行われている。点検の結果、明らかになった問題点については、解決策が立案、実行され、問題解決が成し遂げられている）		マンネリにどっぷりと浸かっている（明らかに問題がある状況が存在するのに、見て見ぬふりをする組織文化ができあがっている）
職員間の連携、情報共有が、うまくいっている（伝わるべき情報、共有すべき情報が職員間で、しっかりと共有されている。ヨコ関係だけでなく、タテ関係の情報共有、情報提供がうまく機能している。「うちの職場は、情報がオープンになっている」という実感を大多数の職員が実感している）		連携不足や情報共有がうまくいっていないことが原因だと思われるトラブルがいくつも発生している（職種間、職階間に壁がある。あるいは、対立関係になっている。現場職員の間で「それは上の職員が決めるんでしょ」「私たちには関係ない！」などといった発言が繰り返されている）
「失敗を恥だと捉えない」組織文化ができあがっている（「失敗をよりよき業務に向けた教訓にする」という組織文化ができあがっている）		うまくいっていないことがあるのに、それが適切な方法で報告されない（失敗をするのは「恥」だという組織文化ができあがっている。うまくいかないことがあると、即、“犯人捜し”に走ってしまう雰囲気がある）
管理職員の目が現場に行き届いている（「最前線の現場で何が起こっているのか、どういったことで職員が困っているのか」「どういった点がうまくいっており、どういった点がうまくいっていないのか」などといった点について、トップあるいは管理職のポストにある者が、現状を的確に把握しようとする姿勢を示している。現場で働く職員が上司に対して、「現場で何が起こっているのか」「どんなことで困っているのか」、遠慮なく伝えられる組織文化・信頼関係ができあがっている）		現場に対する管理職員の目配り、心配りがたりない（現場で働く職員と管理職員との間の信頼関係が不十分なために、「現場で実際に何が起こっているのか」、「何がうまくいっており、何がうまくいっていないのか」、最前線の現場で働く職員から適切な現場報告があがってこない。「自分たちだけが現場のことがわかっている」「管理職やトップは現場のことが何もわかっていない」と批判的な言動を繰り返す職員が多い）
職員が育ち、高いモチベーションをもって働くプラスの組織文化ができあがっている（組織のなかで、よき手本を示せる職員が着実に育っている。よき手本を見せる職員や志の高い職員の定着率が高い）		職員のモチベーションが下がりやすいマイナスの組織文化ができあがっている（前途を嘱望された職員が短期間でどんどん辞めていく傾向が強い。職業人としてのモラルに欠ける職員、権利侵害といえるような対応に手を染めた職員が、何の危機感も抱かず、居座ってしまう傾向にある）

（著者作成）

前巻までのポイント

メンバーシップ

以下の内容は、『福祉職員キャリアパス対応生涯研修課程テキスト』〔初任者・中堅職員・チームリーダー編〕の第3章のポイントを抜粋したものです。

1 メンバーシップとは【初任者編・第3章第1節】

■メンバーシップとは、職業人として働く全ての人が共有すべき基本概念のひとつである。その意味は、①組織メンバーの一人ひとりが、プロとして果たすべき役割と使命を正しく理解し、組織目的の達成に向けて行動を起こすこと、②その結果、所属する法人・事業所・部署・チームの発展に寄与していくことである。

2 メンバーシップの構成要素【初任者・中堅職員・チームリーダー編・第3章第1節】

■メンバーシップの構成要素は、組織が掲げる使命や役割に忠実なフォロワー（追い求める人・支持する人）として行動を起こし、達成していく姿勢をさす「フォロワーシップ」と、組織やチームをあるべき方向にいざない課題達成に導く「リーダーシップ」の2つに整理できる。

■職階を上るにしたがって、担うべきリーダーシップとフォロワーシップの比率は異なってくる。

3 チームメンバーとしての位置づけと役割【初任者・中堅職員・チームリーダー編・第3章第1節】

■初任者に求められるメンバーシップは、フォロワーシップに重点を置いた業務姿勢の習得である。

■中堅職員に求められるメンバーシップは、フォロワーシップとリーダーシップの2つをバランスよく発揮していくことである。1つはフォロワーとして、上司から受けた指示を忠実かつ着実にやり遂げていくことであり、もう1つは後輩職員に対してリーダーシップを発揮することである。

■チームリーダーに求められるメンバーシップは、部下や後輩職員をあるべき方向に導くことである。「このチームリーダーの指示であれば、納得だ。心からついていきたい」「一緒に夢を実現したい」との思いを強くさせることが重要である。

4 チームリーダーに求められる思考・行動特性【チームリーダー編・第3章第2節】

■チームリーダーに求められる思考・行動特性について以下のように整理できる。

・人に動けという前にまず自分が動く（率先垂範力）
・どのような使命を果たすために働くのか把握し、使命達成に向けて「あきらめない」「くじけない」「投げ出さない」姿勢を示す（使命把握力）
・うまくいかないことを人のせいにしない（自己点検力）
・意識改革とは行動改革をともなうものであるとの姿勢を示す（意識改革力）
・自分のキャリアに責任をもつ（キャリア責任力）
・常に業務を振り返る習慣がある（振り返り力）
・常に新しい何かを追い求める、チャレンジ精神がある（チャレンジ力）
・苦しいときであっても、よい方向に物事を考える力がある（ポジティブ思考力）
・誰に対してもプラスの視点で捉える姿勢がある（プラスの視点力）
・後輩職員を心の底からリスペクトし、サポートするという姿勢を目に見える形で示す（職員

サポート力）

5 安心感と信頼を育むコミュニケーション【チームリーダー編・第３章第３節】

■安心感と信頼を育むコミュニケーションのポイントとして以下の5点に留意する。
- ・傾聴する意識を強くもち、忍耐強く相手の話に耳を傾ける
- ・異なる意見を述べたとしても、否定・批判と捉えられるような反応は示さない
- ・職員として素晴らしいセンスと実績を示していることを、リーダーとして認めていることを伝える
- ・意見、要望、見解を示してくれたことに、心から感謝の意を伝える
- ・職員の日々の働きに対してねぎらいの気持ちを伝える

6 チームの目標達成と問題解決【チームリーダー編・第３章第４節】

■チームが一丸となって達成を目指す目標・計画・方針を立案するときには、スマート（SMART）をキーワードにして取り組むことが重要である。
- ・スペシフィック（Specific）：明確な
- ・メジャラブル（Measurable）：どこがゴールなのか理解できる
- ・アチーバブル（Achievable）：達成可能な
- ・リレーティッド（Related）：関連した
- ・タイム・リミティッド（Time-limited）：いつからいつまでに

7 チームのなかで果たすべき役割【初任者・中堅職員編・第３章第１節、チームリーダー編・第３章第４節】

■初任者がチームのなかで果たすべき役割は、フォロワーシップに重点を置いた職業人としての姿勢である。

■中堅職員がチームのなかで果たすべき役割は、チーム内の中核メンバーであるとの強い当事者意識をもち、業務レベル、チームワーク、組織目標の達成に寄与することである。

■チームリーダーがチームのなかで果たすべき役割は、明確なリーダーシップの発揮である。所属するメンバーが相互に信頼、協力し合って、目標達成に突き進むことができるようチームを引っ張っていくことである。

ティータイム

組織・部門のチームワーク・連携強化に向けた課題にチャレンジしよう

法人・事業所・部門・部署を管理監督する立場にあるリーダーとして、組織内の連携および信頼関係の強化、チームワーク向上に向けた課題にチャレンジする。

課題1 ………………………………………………… 組織内の信頼関係・連携強化に向けたチャレンジ

➡ 管理監督者として関わる法人・事業所・部署・部門内を見渡し、組織内にどのような信頼関係や連携プレーの向上を妨げる要因（すなわち信頼関係・連携プレー阻害要素）があるか、点検する。そのうえで、浮かび上がってきた阻害要因に対する、実効性の高い改善策を講じるという取り組みに着手する。具体的な手順は次のとおり。

＊法人・事業所・部署・部門内に、職員間の連携プレーや信頼関係を損なう要因がないか、点検する。
＊浮かび上がってきた阻害要因のなかから、1つを選び出し、何が阻害要因を生みだすことになったのか、問題を生み出す原因を特定する作業に取りかかる。
＊そのうえで、阻害要因除去（問題解決）に向けた、改善策の立案にチャレンジする。

課題2 ………………………………………… 部下の働きがい（職務満足度）向上にむけたチャレンジ

➡ 部下がどれくらい働く喜びを実感しながら働いているか。これは管理監督者として常に把握する必要がある重要なトピックである。働く喜びが高いレベルで実感できる職場は、職員間の信頼関係が良好でチームプレーが機能しており、利用者への支援レベルも高水準になるからだ。
➡ よって、部下として働く職員が、どれくらいやりがいを実感しながら働いているか、点検する取り組みは、管理監督者が強い思いをもって取り組むべき重要項目といえる。
➡ その具体的、取り組み手順と方法は次のとおりである。

＊各部署・チームで働く職員が、どれくらい働く喜びを実感しながら働いているか、点検する。可能であれば、アンケート調査や聞き取り調査をするなどして、正確な状況を把握するよう努める。点検結果を精査し、何が職務満足度向上要因になっているか、何が職務満足度低下要因になっているか、分類整理する。
＊明らかになった職務満足度向上要因に関しては、さらなる促進策を講じ、満足度がさらに上がるよう努力する（例えば、上司や先輩職員が部下・後輩職員に感謝とねぎらいの言葉を頻繁にかけているとの事実が職務満足度向上要因として確認できた場合は、この事実を全職員に伝え、今後も同僚、部下や後輩職員に対して、積極的に感謝とねぎらいの言葉をかけるよう働きかける。もちろん自らも率先垂範し、部下に感謝とねぎらいの気持ちを言葉で明確に示すよう努める）。
＊職務満足度低下要因に関しては、何が職員の働く喜びやモチベーションを低下させる原因となっているのか、分析に取りかかる。
＊そのうえで、一つひとつ順番に、職務満足度低下要因として特定された要素に対する改善策を立案し、実行に移していく（たとえ部下に対する自らの言動等が低下要因であるというケースであったとしても、改善策を講じることを躊躇しないようにする）。

第4章

能力開発

管理職員としての能力開発と人材育成

目標

◉福祉サービスを担う人材に対する社会の期待は、多種多様であり、また高度化している。今後、その期待はますます大きくなるだろう。福祉職員は、日々の業務を遂行するだけではなく、さまざまな研修を受け、また自己啓発に励むことで、実践能力を向上させ、社会の期待に応えていく必要がある。また、職員自身が自らのキャリアパスを描き、意欲をもって仕事を継続していく体制を整備することが重要である。

◉福祉サービスを提供する職場の責任者である管理職員は、社会が求めるサービス水準を満たすために、人材を確保し、育成する責任をもつ。

◉第4章のねらいは、人材育成における管理職員の役割を理解し、人材育成環境を整備するとともに、管理職員自身が組織革新と自己革新を調整・統合できるよう、その考え方や方法について検討することである。

構成

1 人材育成における管理職員の役割を理解する

1 人材育成と環境整備に取り組む

福祉サービスは、「人（利用者）を相手にして、人（職員）が行う専門的サービス」である。そこでは、サービスの担い手である職員一人ひとりの資質・能力とチーム力が、サービス水準の維持、向上に直接関わってくる。

◉**「人的資源管理」の質の向上が重要：**法人・事業所としては、制度の枠組みや配置基準を前提に人材を確保し、組織化と有効活用を図り、サービスの質の向上と効率化を目指していかなければならない。福祉職場では、人材難と人材の流動化という現実がある。管理職員には、組織の維持・発展を図るために、現在および将来に向けた人材育成を図ることが求められている。

特に、社会が求める新しいサービス、より高いレベルでの「最善のサービス」を提供していくことが事業経営の重要な課題となってきており、経営資源としての「人的資源管理」（人材マネジメント）の質の向上は、これからの福祉事業経営の最重要の課題として認識しておかなければならない。

管理職員は、職員一人ひとりの志向性、専門性を尊重しながらも、組織にとって必要な能力との整合性をもたせ、その能力を最大限に発揮できるような環境整備を行わなければならない。このことを組織的、計画的、継続的に行うことは、管理職員の重要な責務である。

2 人事管理と連動した職場研修を推進する

こうした課題に取り組むための有効な施策として職場研修がある。しかし、単に職場研修を充実させるだけではなく、これを人事管理と連動させ、「採用・配置・評価・育成・活用・処遇」等を一体的に推進できる体制を整備していくことが重要である。職員のキャリアパスの構築や処遇の改善、キャリアアップの支援等もその一環として位置づけ、推進施策を具体化していく必要がある（図表４－１参照）。

◉**「人事管理理念」「人材育成理念」を明確にする：**そのためには、法人・事業所の基本理念や使命・目的・経営戦略に連動させた「人事管理理念」や「人材育成理念」を明確にしなければならない。そして、それに基づいた研修計画を作成することが重要である。職場研修は、職員一人ひとりの希望のみで行うと、偏りが生じたり、研修成果が個人に還元されるだけで組織の成果に還元することが軽視されたりする。

職場研修は、その成果が個人の成長と同時に、組織に還元され、利用者サービスの推進に生かされなければならないことを、明確に打ち出す必要がある。

3 職場研修の体制を確立しトータルシステムを機能させる

これからは、「人材育成の責任単位は職場である」という認識を徹底させなければならない。サービスに直結する能力を開発していくには、利用者と日々関わりをもつサービス実践の場を基礎にした職場研修が中心になる。

職場研修は、法人・事業所の理念やサービス目標に基づいて推進するものである。場当たり的、成り行き的研修施策では、十分な研修成果を得ることはできない。研修実務を担う担当者を配置（兼務でも可）して実施することが望まれる。

◉**OJTを効果的に実践するための指導者の育成を：**特にOJT（職務を通じての研修）が重要であり、管理職員にはその体制を確立する責任がある。OJTシステムを確立し、職員一人ひとりに対し育成計画を作成し、それに則ったOJT担当の職員を任命すること、計画にそった職員育成を行わせることが求められる。そのためには、OJTを効果的に実践できる指導者（チームリーダー等）を育成する必要がある。

職場研修は、OJTを基軸としながら、OFF-JT（職務を離れての研修）やSDS（自己啓発支援制度）を組み立て、推進を図り、それらをトータル・システムとして機能させていくことが管理職員の役割である。

●図表4－1　人事管理のトータルシステム（イメージ図）

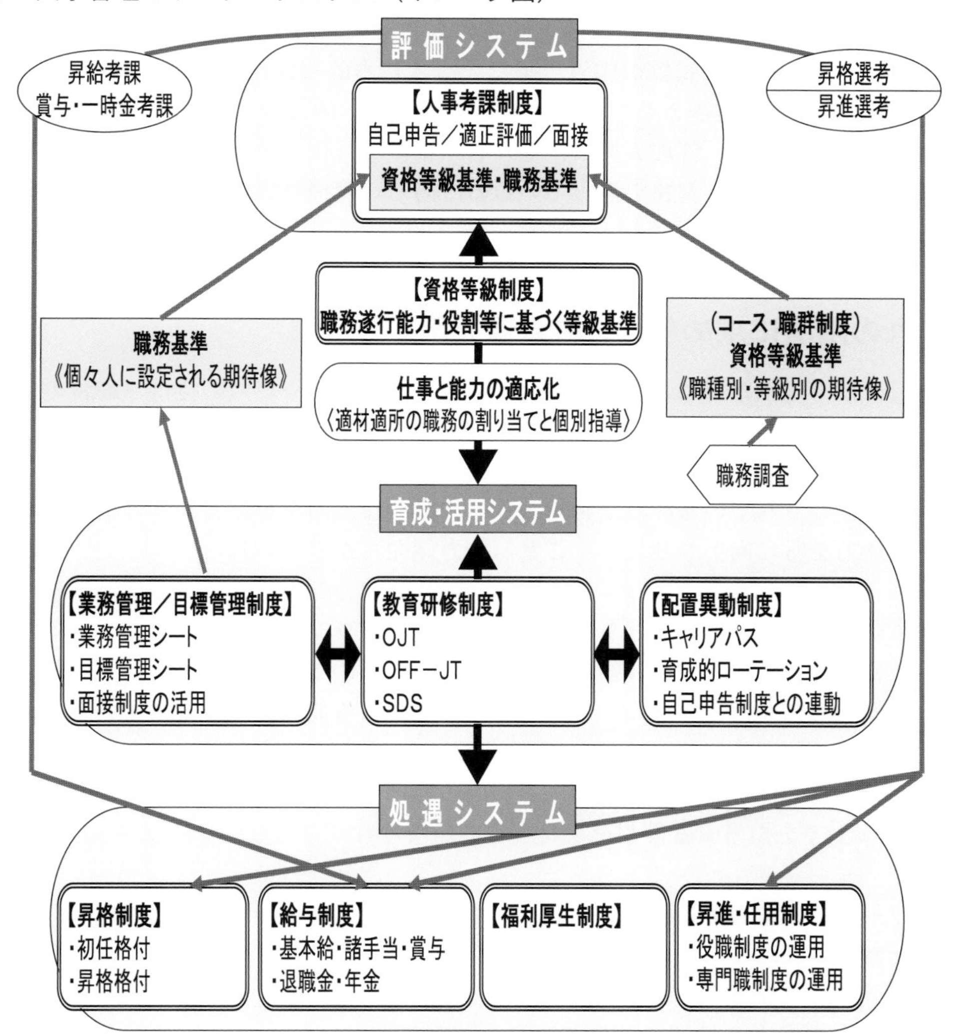

（宮田裕司編『社会福祉施設経営管理論2020』全国社会福祉協議会、2020年、254頁）

法人・事業所が求める職員像を明確にする

1 職員像を明確にし実現を目指す

組織の求める職員像は、法人・事業所の使命や目的に基づく基本理念やサービス目標にそったものである。組織が、現在どのような事業を遂行しようとしているか、また将来の事業計画に照らし合わせて、どのような職員を求めているのかを描き、それを職員にも示すものである。管理職員は、そうした職員像を明確に（認識）し、実現を目指す立場にある。

福祉職場の職員に求められる能力には、専門的に福祉サービスを深める能力（専門性）と、組織活動を推進していく能力（組織性）がある。両者は、車の両輪のようにバランスよく身につけていなければならないものであり、組織の求める職員像もこの2つの視点で描かれていることが望まれる。

◉**組織が目指す方向、職員への期待値を明確にして徹底する：**職員には、単位組織（部門やチーム）の一員として、単位組織が内外に果たすべき基本的な任務（使命）、組織として目指すべき最終ゴール（目的）、組織として果たしていくべき基本的な働き（機能）を理解し、これを体現できることが望まれる。管理職員は、そうした組織が目指すべき方向、職員への期待値を明確にし、徹底していく役割と責務を担っているのである。管理職員には、その役割と責務の自覚が必要である。

2 それぞれの階層に求められる職員像を示す

福祉職員には、現状維持にとどまらず、さらによりよいサービスの提供（最善のサービス）が求められている。そのために福祉職員は、それぞれのキャリア形成にそってサービス水準を上げる努力をし、それぞれの段階に応じた能力開発に励まなければならない。実際には、現在の仕事だけではなく、次に予定されている仕事、将来の仕事に必要な能力を見据え、常に新たな知識や技術を学び、もてる能力を常に向上させていくこと（能力開発）が求められる。

◉**初任者、中堅職員に求めること：**専門性と組織性のバランスという観点でいえば、初任者には個人レベルによる専門的知識や技術の獲得だけではなく、これらを効果的にチームで活用できる組織性の基本を身につけ、チームの一員として活動できる能力が求められている。中堅職員には、主体的に自己の能力を高め、よりよいサービスができるよう当事者意識をもったサービスや業務の改善、チームの活性化やチーム間・職種間の連携への取り組みが求められる。また、後輩職員や初任者のOJTを担当する役割を果たしていかなければならない。

◉**チームリーダーに求めること：**チームリーダーは、専門性と組織性の両面にわたって中心的な役割を果たさなければならない。さらに、社会が求める福祉サービスへの要求（多様化・高度化）に対応できるような組織体制の見直し、改革に取り組んでいくことが求められる。そのために、日常的に自らの能力を適切に評価し、自己革新に向けた自律的取り組みを図ることが重要になる。その姿勢は、他の職員に対して影響を与え、教育的効果も生み出すだろう。

◉**管理職員に求められること：**管理職員に求められる能力は、組織革新と自己革新に取り組む能力である。

3 キャリアパスに対応した人材育成のプロセスを示す

第1章でのべられているようにキャリアパスとは、「生涯にわたる職業人生の進路」を意味するものである。そこには、職員一人ひとりが自らの進路を描きながらキャリアアップに取り組んでいくとともに、組織としてこれを積極的に支援していくための仕組みや支援施策が重要であるという意味合いがこめられている。

管理職員は、それぞれのキャリア段階に対応した人材育成の仕組みを構築し、それを職員に明示することが重要である。全国社会福祉協議会「福祉・介護サービス従事者のキャリアパスに対応した生涯研修体系構築検討委員会」の報告書では、5段階の「職務階層に求められる機能のイメージ」について示している。キャリア段階に応じて求められる職員のイメージとして、参考にしてほしい(**図表4－2参照**)。

●図表4－2　職務階層に求められる機能のイメージ

	職務階層	求められる機能	役職名称［例示］
第5段階	トップマネジメントリーダー シニアマネジャー (上級管理者)	・運営統括責任者として、自組織の目標を設定し、計画を立てて遂行する。 ・必要な権限委譲を行い、部下の自主性を尊重して自律的な組織運営環境を整える。 ・人材育成、組織改革、法令遵守の徹底などを通じて、自組織を改善･向上させる。 ・自らの公益性を理解し、他機関や行政に働きかけ、連携･協働を通じて地域の福祉向上に貢献する。 ・所属する法人全体の経営の安定と改善に寄与する。	施設長(1) (部長)
第4段階	マネジメントリーダー マネジャー (管理者)	・業務執行責任者として、状況を適切に判断し、部門の業務を円滑に遂行する。 ・職員の育成と労務管理を通じて組織の強化を図る。 ・提供するサービスの質の維持･向上に努める。 ・経営環境を理解し、上位者の業務を代行する。 ・他部門や地域の関係機関と連携･協働する。 ・教育研修プログラムを開発･実施･評価する。	施設長(2) 小規模事業管理者 部門管理者 (課長)
	↑　管理職　↑		
第3段階	チームリーダー リーダー (職員Ⅲ)	・チームのリーダーとして、メンバー間の信頼関係を築く。 ・チームの目標を立て、課題解決に取り組む。 ・上位者の業務を補佐･支援する。 ・当該分野の高度かつ適切な技術を身につけ、同僚･後輩に対してのモデルとしての役割を担う。 ・地域資源を活用して業務に取り組む。 ・教育指導者(スーパーバイザー)として、指導･育成等の役割を果たす。 ・研究活動や発表などを通じて、知識･技術等の向上を図る。	(係長) 主任
第2段階	メンバーⅡ スタッフⅡ (職員Ⅱ)	・組織の中での自分の役割を理解し、担当業務を遂行する。 ・職場の課題を発見し、チームの一員として課題の解決に努める。 ・地域資源の活用方法を理解する。 ・後輩を育てるという視点をもって、助言･指導を行う。 ・業務の遂行に必要な専門的知識･技術等の向上を図る。 ・職業人としての自分の将来像を設定し、具体化する。	職員(一般)
第1段階	メンバーⅠ スタッフⅠ (職員Ⅰ)	・指導･教育を受けつつ、担当業務を安全･的確に行う。 ・組織･職場の理念と目標を理解する。 ・担当業務に必要な制度や法令等を理解する。 ・組織内の人間関係を良好にする。 ・福祉の仕事を理解し、自己目標の設定に努める。 ・仕事から生じるストレスを理解し、対処方法を身につける。 ・福祉･介護サービス従事者としてのルール･マナーを遵守する。	職員(新任)

(全国社会福祉協議会『福祉・介護サービス従事者の職務階層ごとに求められる機能と研修体系
「福祉・介護サービス従事者のキャリアパスに対応した生涯研修体系構築検討委員会」報告書』
2010年3月、15頁より一部抜粋)

人材育成の環境整備をする

1 一人ひとりの固有のニーズと組織の思いを統合し、一体的に推進する

人材育成は、経営管理の重要な柱であり、組織の使命や目的を達成するために必要な活動である。管理職員は、組織のサービス水準の維持・向上を図らなければならない。それを保障するのが、人材育成である。

人材育成の基本は、職場研修である。職場研修は、職員一人ひとりの固有のニーズによって進められる。しかし、一方で職場研修は、組織の使命や目的に基づく基本理念やサービス目標、期待する職員像に則して推進するものである。管理職員は、この両者を統合して、一体的に推進していかなければならない立場にある。

2 研修体系と研修形態を整え推進する

職場研修は、職員のキャリア段階にそった研修体系と、3つの研修形態で推進するものである。職員のキャリア段階は、「初任者」「中堅職員」「チームリーダー（指導的職員）」「管理職員」「上級管理者」等に分けられる。研修体系は、それぞれのキャリア段階に求められる職員像を明確にしながら、それぞれの段階でどのような研修を実施するかの体系を示すものである。

◉**キャリア段階にそった研修課題と計画を**：管理職員は、それぞれの階層に求められる職員像を明確に認識し、それに基づいた研修課題、研修計画を具体的に推進する必要がある。それは、職員のキャリアパス（職業人生における経験、職位・職責・職務内容等に関する進路）と連動するものでなければならない（**図表4－3**参照）。

◉**費用対効果にも留意した研修の実施を**：①OJT（日常の業務を通じて行う職員育成）②OFF-JT（日常業務を離れて行う研修）③SDS（職員各自が自己啓発に取り組むことを支援するシステム）の研修形態をトータルに捉え、研修のねらいや目的にそって効果的に実施することが重要である。

研修の実施には、時間や経費など法人・事業所の負担が発生するものである。職員の成長のための機会を積極的につくりだして支援する姿勢が必要であるが、費用対効果についても十分な留意が必要である。

3 研修担当者を選任し、研修管理に取り組む

法人・事業所において職場研修を効果的に推進するためには、研修担当者を選任することが重要である。規模によっては、研修委員会などを組織することも必要だろう。

◉**研修担当者の仕事**：研修担当者は、職員の研修ニーズを把握し、事業計画のなかに研修計画を組み込んでいく。その際は、組織全体や職員一人ひとりの研修ニーズを把握し、優先順位を決めて年間計画を作成しなければならない。研修管理は、「広義の研修管理」と「狭義の研修管理」に区分して考える必要がある（**図表4－4**参照）。

これからは、SDSを基礎としながら、日常のサービス実践や業務遂行のなかで行うOJTの組織的展開を図り、OFF-JT（職務を離れての研修）を計画的・重点的に実施するという発想をもつことが大切である。OFF-JTにおいて、講師を外部から招聘する場合には、講師に職場・職員の研修ニーズを説明し、それにふさわしい研修方法や手段、効果測定の方法などを採用してもらえるように働きかけることも、研修担当者の職務である。

●図表４－３　職場研修体系（例）

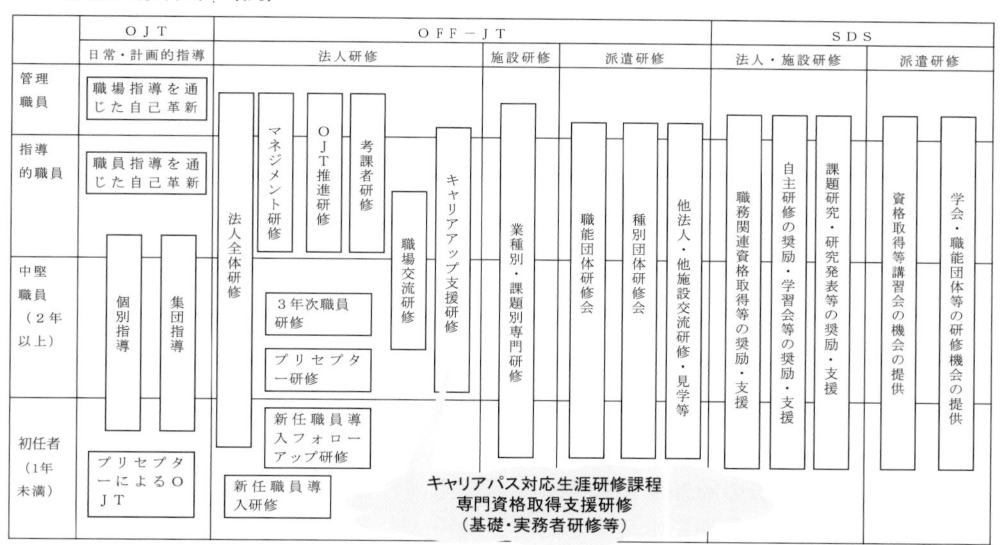

（著者作成）

●図表４－４　広義の研修管理と狭義の研修管理

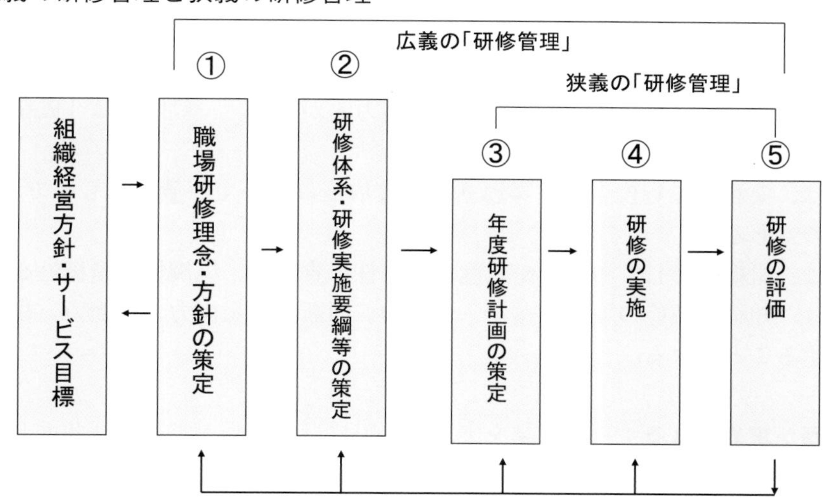

（著者作成）

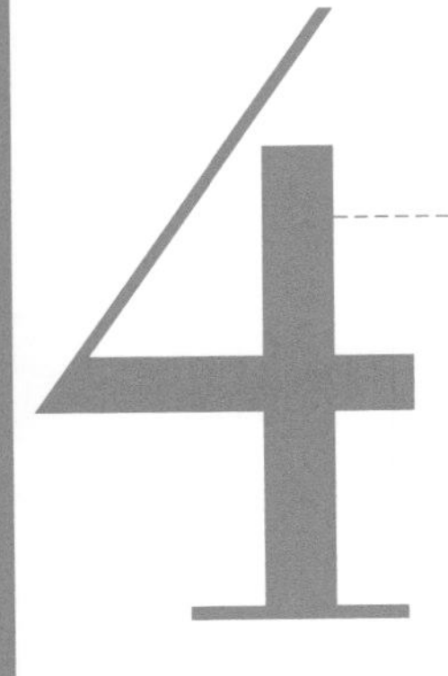

人事考課制度と定期面接を効果的に活用する

1 人事考課の意図と目的を理解し周知する

組織的に人材育成を推進していくためには、職員の実践能力について公正な人事考課（人事評価）が行われなければならない。職員一人ひとりの能力評価が適正に行われるならば、育成計画を明確にすることができるようになるし、そのフィードバックを通じて職員の意欲（モチベーション）の向上を図ることができるようになる。

◉**人事考課のフィードバックが職員のモチベーションを上げる：**人事考課は職員の評価に関わる問題なので、慎重な対応が求められる。人事考課の本来の意図を正しく理解することが大切であり、職員処遇に差をつけるために実施したり、人件費の削減のために実施したり、短絡的な発想で評価を行うと、かえって職員のモチベーションを下げ、マイナス効果になることに留意する必要がある。

人事考課は、組織が定める一定の基準と方法によって職員の職務遂行能力と行動、及び成果を、評価し、その結果をフィードバックすることで能力開発やモチベーションの向上を図り、適正処遇を実現するためのものである。人事情報（記録）として活用することで職員のキャリアパスの支援にも有効な施策となるものである。

◉**人事考課の基準・方法の周知を徹底する：**人事考課の目的は、①人材の育成、能力開発に役立てること、②公正な職員処遇を実現すること、③一人ひとりの意欲を喚起し、組織活性化を実現することである。管理職員は、この目的と、人事考課の基準・方法を職員に周知し、職員がこれをよく理解できるようにしておかなければならない。

2 人事考課の評価基準を把握する

人事考課で評価する「能力」とは、組織において求められる「職業人としての能力」である。ここで求められる能力には「発揮能力」と「保有能力」があり、一般的には「成績考課」「情意考課」「能力考課」として評価することになる。

■成績考課は、業務の遂行度合いや業務基準の達成度について評価するもので、「発揮能力」を評価するものである。

■情意考課は、組織人としての意欲や態度、規律性、責任性、協調性や積極性などを評価する。

■能力考課は、知識や技能の取得レベル、分析力、判断力、企画力、折衝力、指導力など習熟レベルを評価することになる。

◉**公平な評価が求められる：**人事考課を実施する際には、組織が求める「基準」を明確に示し、公平に評価されるものでなければならない。通常、資格等級制度に基づく「職能基準」と当該期間に達成が期待される「職務基準」に基づいて「考課期間中の職務行動（その取り組みと成果）」を評価するのが人事考課の原則である。人事考課は、基準に基づく評価を適切に行い、その結果を職員にフィードバックすることが大切である。また、評価者が陥りがちな「評価のエラー」に留意することも大切である（図表4－5参照）。

3 個別面接の実施、評価結果のフィードバックを人材育成に生かす

人事考課においては、上司（評価者）と部下（職員）との面接の機会を制度的に設定することが大切である。通常、①目標面接：期間中の「職務基準」の話し合い、②中間面接：期間中の取り組み、進捗状況の確認と支援の話し合い、③育成面接：評価時の話し合いを行うことが期待される。

◉**伝えたいこと、知りたいこと**：面接は、**図表4－6**に示したように上司（評価者）と部下（職員）との関係のなかで行われるものである。上司が伝えたいことは、部下の知りたいことであるし、部下の伝えたいことは上司の知りたいことである。面接を実施することによって、①上司と部下の相互理解の促進、②期待する人材像の明確化、③自己評価と上司評価のギャップが埋まる、④日常業務の円滑化、⑤人材育成と組織の活性化につながることになる。

◉**人事考課の結果は職員育成に生かされる**：職員は、誰もが潜在的に「承認欲求」をもっているものである。人事考課は、この承認欲求に応えるための具体的施策であるといってよい。人事考課の結果は、職員育成に活用することになる。成果が認められること、できていることは「強化点」としてフィードバックし、なんらかの理由で成果が認められなかったこと、不十分だったことについては、その要因を話し合い、解決の方向を相互検討することによって、今後の啓発目標が明確になってくるし、職員自身の自覚も高まるものである。

●図表4－5　公正な人事考課のための留意点

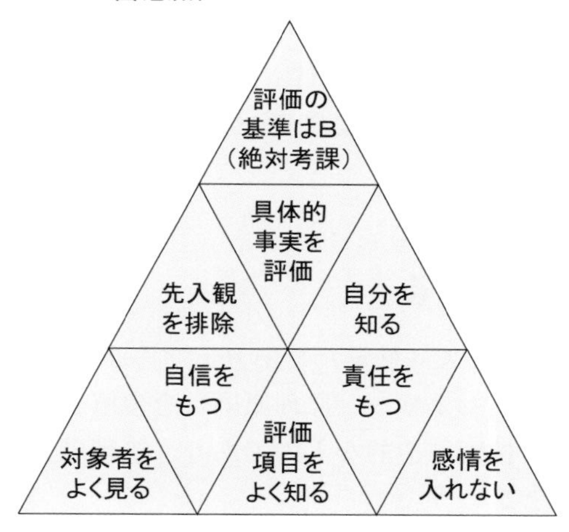

（著者作成）

●図表4－6　定期面接の実施とそのメリット

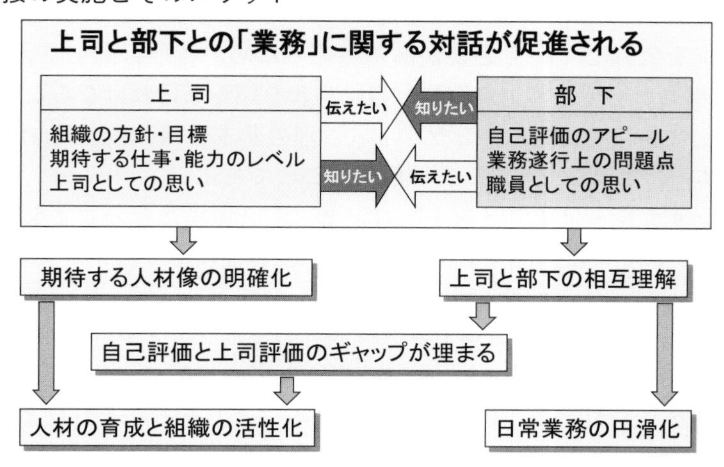

（著者作成）

管理職員として組織革新と自己革新を図る

1 自己革新と事業経営の満足を推進

福祉サービス制度が措置から利用契約に転換してから、サービス提供のシステム、規模、組織経営のあり方は利用者のニーズに応えていかに柔軟に、効果的に対応していくかが問われる時代になっている。

◉**利用者ニーズの変化に対応できる力量をもつ**：組織に求められるのは、これらのニーズに応じて常に組織のあり方を改革し、時代の変化に対応できるようにする力量である。その要となるのは、組織運営に責任をもつ、管理職員である。

組織を変える中心的機能は、管理職員の自己革新の姿勢である。組織として機能的・合理的な仕組みが整っていたとしても、組織は人間の集団であるから、トップの意向や姿勢が強く組織のあり方に影響する。管理職員が、自己革新の姿勢を明確に示し、他の職員へもそれをうながすことによって、組織の改革ができることを自覚しなければならない。

◉**利用者と職員の満足が事業経営の満足につながる**：福祉職場の管理職員として大切な視点は、利用者の尊厳の保持を第一とし、利用者満足（CS：Customer Satisfaction）の実現を目指すと同時に、サービスの担い手である職員の満足（ES：Employee Satisfaction）の実現を目指すことである。両者の満足を実現することが、事業経営の満足（MS：Management Satisfaction）につながることを確認しておきたい。

2 明確なマネジメントを確立する

マネジメントとは、「サイエンス（科学）であり、アート（創造）である」といわれる。サイエンスは、系統的な体系をもち、セオリー（原理原則）を理解したうえで、状況に応じて効果的に適応を図っていく。アートは、個別創造的なものであり、管理職員の意思や価値観、志向性によってその内容が決まっていくことをいう。

◉**的確なマネジメントを実行するためのコンセプト**：管理職員の責任として、より的確なマネジメントを実行していくためには、自己の管理スタイル、管理能力を自己点検し、より効果的で適切なマネジメントを実践していく必要がある。そのため、管理行動を支える3段階のコンセプト（考え方）を理解し、必要な能力の習熟と自己革新を図らなければならない（**図表4－7参照**）。

- ベーシック・マネジメント・コンセプト（管理の基本原則＝BMC）は、マネジメントの基本的枠組みや体系、主要なセオリーを理解することである。
- シチュエーショナル・マネジメント・コンセプト（環境適合のマネジメント＝SMC）は、個別の組織が置かれている外部環境特性、内部環境特性に応じたマネジメントを実践していくことである。
- パーソナル・マネジメント・コンセプト（固有のマネジメント＝PMC）は、管理職員自身が、どのような価値観や信念に基づき、何を行動や判断の規範にするか、どのようなビジョンを描き、実践に向かうかを示す「規範」を確立することである。それによって、組織のアイデンティティや主体性が確立されるだろう。

3 組織革新と自己革新に取り組む

福祉サービスは、第一に利用者のニーズを充足することから始まる。利用者ニーズは、「健康で文化的な最低限度の生活」を保障する段階から、「Well-Being」を求める段階に進んできている。

◉**いつでも改革を図れる組織づくりとは：**それに応えられる組織運営をするためには、現状に甘んじることなく、絶えず組織の改革（イノベーション）を図れるような組織づくりが必要である。組織改革を図るためには、①人材、②仕組み、③経営風土（組織文化）、④経営戦略を点検し、その相互作用のあり方を見直していく必要がある（**図表4－8参照**）。

管理職員は、組織全体に直接的、間接的に影響力をもつ立場であることを認識し、単位組織の責任者として自らイノベーションを推進していこうという姿勢を示し、行動していくことが必要である。管理職員としての当事者意識の醸成と自己革新が活動の源泉である。

●図表4－7　管理行動を支える3つのコンセプト

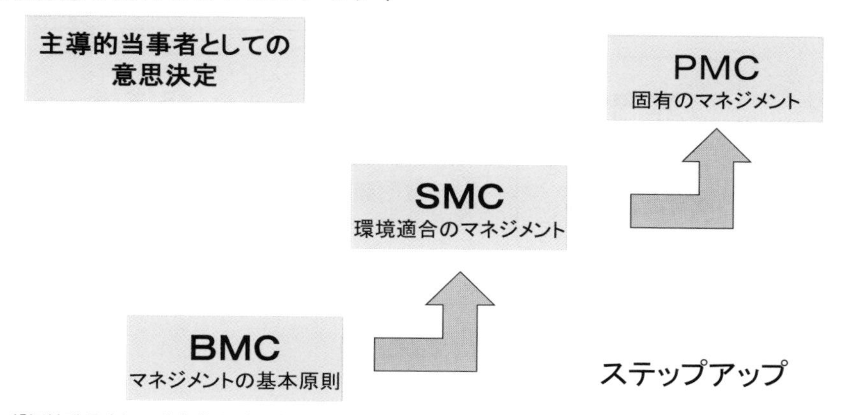

（「福祉職員生涯研修」推進委員会編『福祉職員研修テキスト 管理編』全国社会福祉協議会、2002年、99頁より一部改変）

●図表4－8　組織改革と経営体質の転換

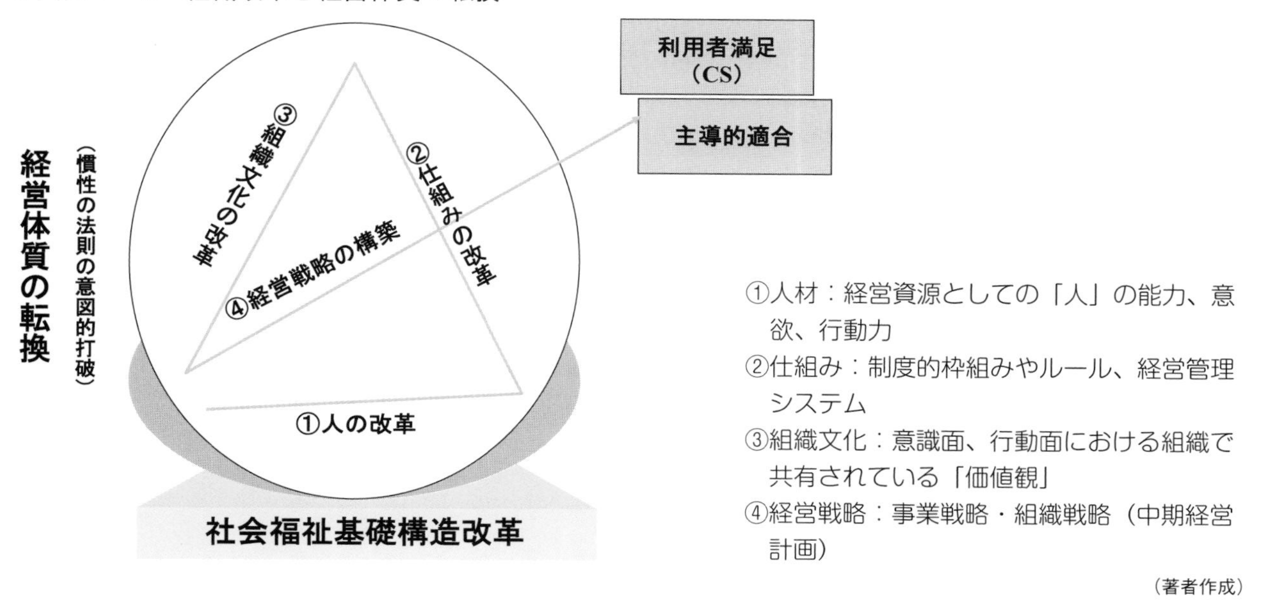

①人材：経営資源としての「人」の能力、意欲、行動力
②仕組み：制度的枠組みやルール、経営管理システム
③組織文化：意識面、行動面における組織で共有されている「価値観」
④経営戦略：事業戦略・組織戦略（中期経営計画）

（著者作成）

前巻までのポイント

管理職員としての能力開発と人材育成

以下の内容は、『福祉職員キャリアパス対応生涯研修課程テキスト』〔初任者・中堅職員・チームリーダー編〕の第4章のポイントを抜粋したものです。

1 チームリーダーの役割【チームリーダー編・第4章第1節】

■福祉職場においては、個々の職員が固有の専門性を発揮し、福祉サービスの向上を目指すことと、組織やチームの一員として、使命・目的・機能を理解し、効果的・効率的に業務を遂行することが求められる。

■チームリーダーは、中心的な役割を果たすとともに、社会が求める福祉サービスへの要求に応えることが必要である。

組織性
（組織・チーム
活動を推進する
能力）

（著者作成）

2 自己能力の評価【チームリーダー編・第4章第2節】

■自身の個人的な成長課題と同時に、組織やチームの次の発展段階を見据え、そのために必要な課題を検討する必要がある。

《自己点検の着眼ポイント》

専門性	・担当する業務の専門的知識・情報・技術・技能は十分備わっているか ・それを職員に対して言語化して伝え、指導することができるか ・経験知を生かすとともに新たな動向に関心をはらい、吸収しているか ・標準化と同時に質的充実のための新たな取り組みが図られているか ・自己革新すべき専門能力の課題や方法をすぐに列挙できるか
組織性	・マネジメント活動に関する基本的知識・技術・技能は備わっているか ・業務の効率性と効果性を意図したマネジメントが実践されているか ・職員の能力を最大限に引き出し、活動の相乗効果を高める施策があるか ・職場のなかで問題解決、課題形成を常にリードし、実践しているか ・チームリーダーとして適切なリーダーシップを発揮しているか

（著者作成）

3 自己啓発と相互啓発【初任者編・第4章第5節】

■職員が自主的に能力開発に取り組むことを「自己啓発」という。自己啓発に職場内外の仲間と共に取り組むのが相互啓発である。

■自己啓発は最後までやり通すことが難しいが、相互啓発は、メンバー間の刺激や励まし合いによって、継続性や意欲の向上を生み出すという特徴がある。

4 ティーチング、コーチング【チームリーダー編・第4章第5節】

■OJTの効果的な推進には、指導技術を高めていくことが必要である。代表的なものに、ティーチング、コーチングがある。

ティーチングの基本「仕事の教え方4段階」

第1段階：習う準備をさせる
①気楽にさせる、②何の仕事をやるかを話す、③その仕事について知っている程度を確かめる、④仕事を覚えたい気持ちにさせる、⑤正しい位置につかせる
第2段階：仕事の内容を説明する
①主なステップをひとつずつ言って聞かせて、やってみせて、書いてみせる、②急所を強調する、③ハッキリと、抜かりなく、根気よく、理解する能力以上は強いない
第3段階：実際にやらせてみる
①やらせてみて、間違いを直す、②やらせながら、説明させる、③もう一度やらせながら、急所を言わせる、④「わかった」とわかるまで確かめる
第4段階：教えた後を見る
①仕事につかせる、②わからないときに聞く人を決めておく、③たびたび調べる、④質問するようにしむける、⑤だんだん指導を減らしていく

（Training Within Industry for Supervisors（監督者のための企業内訓練）「仕事の教え方4段階」を参考に著者作成）

コーチングの基本姿勢と基本技法

1. 基本姿勢（関心と観察）
①職員の成長を願い、常に積極的な関心をもつ
②職員の自主性や自発性を尊重し、気づきをうながす
③職員の持ち味や潜在能力に着目する
2. 基本技法
①積極的傾聴：メンバーの意思や気持ちを受け止める
②効果的な質問：効果的に質問し、自覚と意識化を図る
・順調なときは、「成功の方程式」を導き出す
・悩みや迷い、不安があるときは、それを明確にする
③課題の整理と助言
・事実の整理、到達ゴール、リソースの吟味、オプションの整理、意思の確認
・プラスリスト、称賛（承認）、助言、経過目標の設定

（古川久敬『チームマネジメント』日本経済新聞社、2004年、175〜179頁を参考に著者作成）

ティータイム

三代目施設長の「決意」

社会福祉法人の施設では、施設長が創始者の子や孫であることも少なくない。これを「同族経営」とか「世襲制」といって批判する向きがないわけではない。しかし、親族だからという理由だけで、批判されることはない。

私有財産を投じて社会福祉法人を設立し、人的資源の確保が困難で家族が総出で事業に打ち込まなければならなかった時代には、同族による経営が必要だったことは確かである。そのような先達の熱意と努力は、むしろ引き継がれていくべきであろう。

しかし、それを受け継いだものが熱意と努力を受け継ぐとともに、新しい時代の要請に応えることが求められている。それに対応しないで、その運営形態や戦略を以前のままに踏襲するだけの「守りの姿勢」に陥るとき、それが利用者ニーズから見て批判されるのである。反対に、管理職員が創始者の構築した風土（意識面、行動面において組織が共有している価値観）を継承しながら、新しいニーズに対応できるように組織改革・革新にチャレンジするとき、先代の理想や理念はより正しく継承されることになるだろう。

ある社会福祉法人の三代目の施設長は、「私が子どもだったとき、両親は児童養護施設の施設長として昼夜の別なく施設の子どもたちのために働き、私たち兄弟も一緒に施設で育ちました。その当時の両親は、まるで施設の子どもたち全員の父母のように振る舞っていました。一方職員は、施設長の指示に従って働いていました。職員の勤務時間も比較的短く、施設長である両親は、女性にはこのような施設に子どもを預けることがないよう、家庭に入り『よい妻、よい母』になることを勧めていました。しかし今、私がその仕事を引き継いで改革したいことは、施設長夫妻を頂点とした上意下達による組織運営ではなく、一人ひとりが当事者意識をもち、自律的に行動できる職員を養成することです」と言う。そして、そのために彼は必要なマネジメントを学ぼうとしていた。

また、子どもたちの利益を守ることを第一に働くということを継承しながら、子どもたちができるだけ安定したおとなとの関係を維持できるように、「保育士は結婚したら退職」というこれまでの慣習を変え、結婚しても、子育てをしていても仕事を継続できるような環境を整えることを目標にしていた。同時に、環境を整えるだけではなく、長い間に培われた組織風土である「結婚したらこの仕事は無理、他の職員に迷惑をかける」という職員の意識改革を行う必要も感じていた。

この施設長は、まだ若い。先代の時代から勤めている職員は、先代のやり方を変えていこうとする施設長に対して抵抗感を抱くこともある。しかし、この施設長の方針を支持し、一緒に変えていこうとする職員もいる。この施設長は、管理職員としての自覚をもち、組織革新と自己革新に日々取り組んでいる。

第5章

業務課題の解決と実践研究

法人・事業所レベルの業務の改善、問題解決の仕組みづくり

目標

◉現代は不確実な時代である。社会経済の不安定な状況を受け、福祉も変化の時代にある。部門の長である管理職員、施設長・事業責任者や法人役員などの上級管理者は、これまでの経験に基づいた発想だけに頼っていたのでは変化に対応できず、取り残されてしまう。

◉長期的な視野に立った戦略的思考をもとに、法人・事業所をとりまく状況を分析し、将来の状況を構造的に予測し、先見性をもって組織を導いていかなければならない。

◉先見性をもつとは、未来を占うことではない。毎日発生する問題を着実に解決できる組織を形成すること、法人・事業所の存在意義を明確にし、将来の「あるべき姿」を描き出すことである。そして、高い理念（志）をもって将来の「あるべき姿」（＝法人・事業所の存在意義）を追求し、その志の旗を掲げ続け、組織で共有することが重要である。「志」の旗を掲げ続けることによって、潜在的なニーズを顕在化させ、将来を確実なものにすることができるだろう。

◉管理職員は、現在の問題を解決しつつ、永続的に取り組まなければならない課題である法人・事業所の理念の実現のために、「着眼大局」の意識をもって、問題解決に臨んでほしい。

◉第5章では、①クオリティ・マネジメントについて管理職員の役割、②不断にサービス向上を目指す組織、「学習する組織」を目指す行動、③管理職員、トップマネージャーとして法人・事業所の業務課題解決のあり方、とりわけ「仕組み」づくりの方法の3点について学ぶ。

構成

1 法人・事業所の問題解決と管理職員の役割

1 組織にとっての「成果」を明らかにし、サービスの質を不断に向上させる

クオリティ・マネジメントとは、組織の目標達成のために取り組むべき問題を解決し続け、サービスの質を向上させ続ける働きのことである。福祉サービスを提供する組織が、使命、理念、目的を実現するために、管理職員は「組織が成果を上げること」に責任をもたなければならない。ここでいう「成果」とは、利益を出すことではない。利益は必要だが、目的を実現するための手段であって利益を出すこと自体は目的ではないからである。

◉**組織の成果とは：**組織にとって「何をもって成果とするか」を決定することから、マネジメントは始まる。理念に基づき、目的を達成するために取り組むべき問題を明らかにし、目標を掲げ、組織として効果的に解決すること、組織を成長させることが、管理職員に求められているのである。

◉**理念・目的実現のために：**理念とは組織の存在理由であり、長期的かつ永続的に目指すゴールである。「志」といってもよいだろう。組織が、永続的なゴールに向かい続けるためには、明確な目的が必要になる。P.F.ドラッカーによれば組織の目的とは、社会やコミュニティの満足を実現することである。福祉サービスを提供する事業体の目的として共通してあげられることは、「よいサービスを提供して利用者や地域社会の満足を得ること」であろう。

◉**クオリティ・マネジメントの働き：**よいサービスを提供し続けるためには、不断の努力が欠かせない。一つひとつのケアの質にとどまらず、組織の提供するサービス全体の質を高めることがクオリティ・マネジメントの働きである。管理職員には、法人・事業所の理念や目的を達成する責任を理解し、クオリティ・マネジメントを主導することが期待されている。

2 問題解決の組織文化を醸成する

管理職員が問題解決に取り組む立場は2つある。1つは、職員が発生型問題や設定型問題を解決する仕組みや方法を指導し、問題解決の組織文化（風土）を醸成することである。第２は、将来型問題を自ら設定し、その解決の先頭に立つことである（**図表５－１、５－２**参照）。

◉**発生型問題：**発生型問題とは、起きてしまった問題で「見える」問題である。発生型問題は、マニュアルや手順書が守られていないといった「逸脱」と、目標の未達成、マニュアルどおりにやってもよい結果にならない、あるいは、このままでは問題が再発してしまうといった「未達」に分けられる。逸脱は、現場レベルでSDCAサイクル（初任者編P.61**図表５－４**参照）をしっかり実行することによって解決が図られ、「未達」は中堅職員やチームリーダーが関わって原因究明と再発防止を行うなど、PDCAサイクルを実行して解決できるレベルの問題である。

◉**自律的解決へ向けての指導：**このような場面では、逸脱問題や未達問題の解決を職員が自律的に行うことができるように、職員の教育・研修を充実させ、中堅職員やチームリーダーの指導力を高めるなどの能力開発を進めることに、管理職員の働きの重点が置かれる。

◉**組織文化の醸成**：問題発見の指標となる目的や目標をわかりやすく示し、周知することも大切である。問題を見過ごさず、一つひとつ解決し、サービスのあるべき姿を設定し、質を高め続けることを法人・事業所の組織文化（風土）にする働きが望まれる。

3 将来型問題の解決に自ら取り組む

福祉をめぐる状況は大きく変化している。ほとんどの福祉サービスは公的な制度のもとで提供されているが、制度の先行きは不透明で、法人・事業所が取り組むべき問題を見出すことは簡単ではない。

◉**将来型問題の設定と取り組み**：管理職員には、地域のニーズや法人・事業所の強みや弱みを分析し、法人・事業所の理念に向かって目的を設定し、目的を達成するための目標を職員に示し、成果を上げていく問題解決が求められる。将来型問題を解決するための自律的な取り組みが求められているのである。

●図表５－１　問題の種類と管理職員の役割

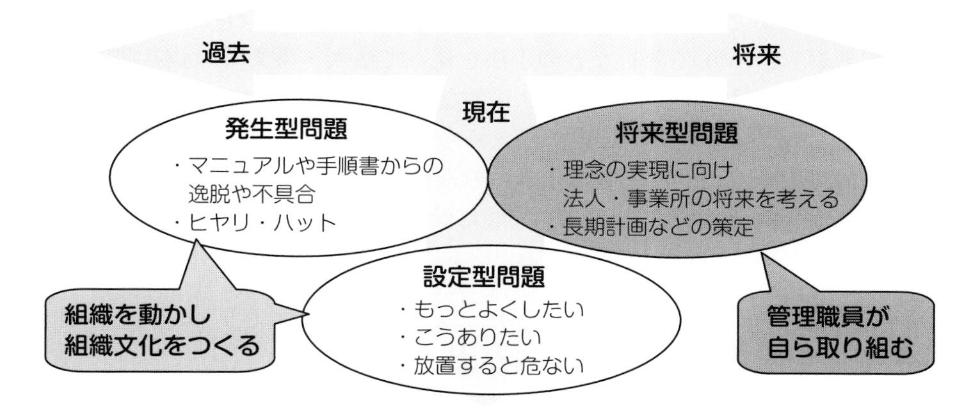

（著者作成）

●図表５－２　階層に対応した問題解決への期待値

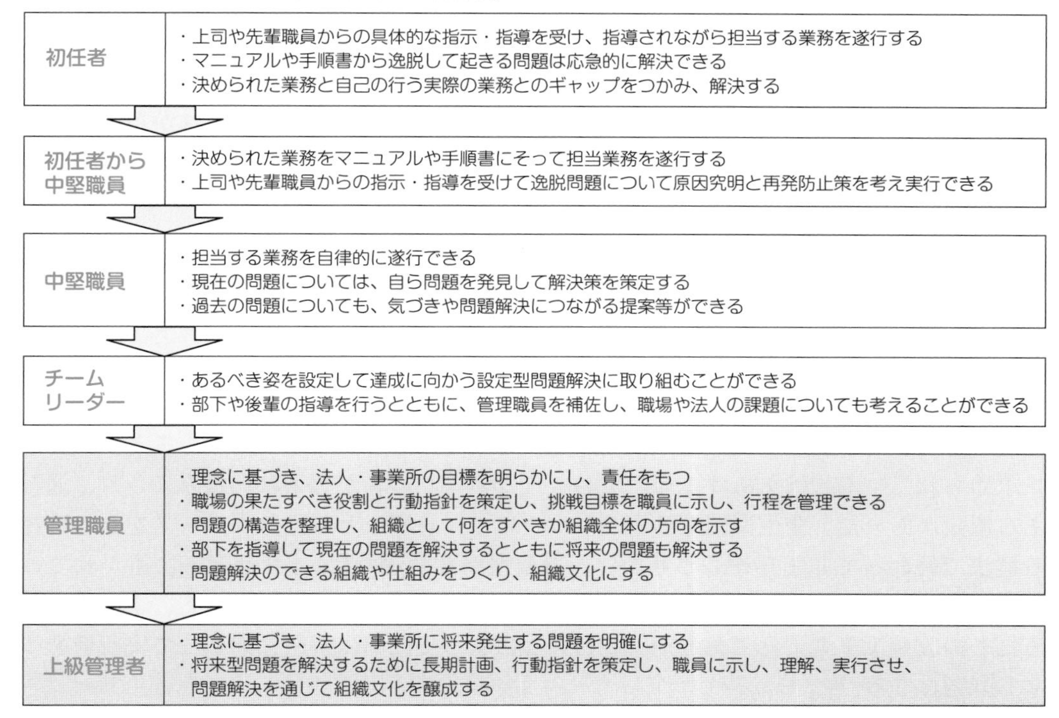

階層	期待値
初任者	・上司や先輩職員からの具体的な指示・指導を受け、指導されながら担当する業務を遂行する ・マニュアルや手順書から逸脱して起きる問題は応急的に解決できる ・決められた業務と自己の行う実際の業務とのギャップをつかみ、解決する
初任者から中堅職員	・決められた業務をマニュアルや手順書にそって担当業務を遂行する ・上司や先輩職員からの指示・指導を受けて逸脱問題について原因究明と再発防止策を考え実行できる
中堅職員	・担当する業務を自律的に遂行できる ・現在の問題については、自ら問題を発見して解決策を策定する ・過去の問題についても、気づきや問題解決につながる提案等ができる
チームリーダー	・あるべき姿を設定して達成に向かう設定型問題解決に取り組むことができる ・部下や後輩の指導を行うとともに、管理職員を補佐し、職場や法人の課題についても考えることができる
管理職員	・理念に基づき、法人・事業所の目標を明らかにし、責任をもつ ・職場の果たすべき役割と行動指針を策定し、挑戦目標を職員に示し、行程を管理できる ・問題の構造を整理し、組織として何をすべきか組織全体の方向を示す ・部下を指導して現在の問題を解決するとともに将来の問題も解決する ・問題解決のできる組織や仕組みをつくり、組織文化にする
上級管理者	・理念に基づき、法人・事業所に将来発生する問題を明確にする ・将来型問題を解決するために長期計画、行動指針を策定し、職員に示し、理解、実行させ、問題解決を通じて組織文化を醸成する

（著者作成）

組織的課題の発見

1 戦略的な視点をもって組織を導く

管理職員は、日々のサービス提供が適切に行われるよう組織全体に目を配り、部下を指導しなければならない。しかし、日々の業務が事故なく無事に過ぎているだけでは、管理職員としての責任を果たしているとはいえない。管理職員には、法人・事業所の目的達成のために、現在の「見える」問題だけでなく、組織が将来進むべき方向を考え、組織的に取り組む働きが求められている。

◉**大局的な姿勢：**目の前で起きている問題や短期的な問題に取り組むことは戦術のレベルであり、管理職員に特に求められるのは、戦略的な視点である。経営戦略とは「企業や事業の将来のあるべき姿とそこに至るまでの変革のシナリオを描いた設計図」といわれる。地域の福祉ニーズを将来にわたって考察し、SWOT分析などの手法を使って法人・事業所の強み弱みを正確につかみ、目的を達成するための目標や実行計画、具体的な行動、評価の尺度、工程表をつくり、組織を動かし、進捗をチェックする大局的な姿勢が求められる。

◉**組織の力を高めていく視点：**目先の出来事にのみ目を向けて取りかかるだけでなく、将来の永続的な課題である理念の実現に向かって、地域に働きかけ、組織内の力を高め、「仕組み」をつくり、実行していくという視点が必要である。

2 「あるべき姿」を描き、課題を「生み出す」

目の前に起きている問題に対応することはとても大切である。職場が一体になって解決しなければならず、管理職員はその仕組みをつくり、それが実行され、問題が再発しないように組織化を図らなければならないことはいうまでもない。

◉**「あるべき姿」を描く：**チームリーダーや管理職員には、目の前の問題に対処するだけでなく現場で起きている問題をその根源にまでさかのぼって把握することや、これから起こるかもしれない問題に対処することが求められる。現状の姿を正確に捉えたうえで「あるべき姿」を描くことと、「あるべき姿」の実現に向かって現状を捉えること、２つのアプローチがあるといえる。

◉**「あるべき姿」の方向を決める：**現場で行われる問題解決の多くは、あらかじめ定められ共通した目標となっていることと現状とのギャップ（ズレ）を埋めることである。発生型問題の全てと設定型問題の多くがこれにあたる。これに対して将来型問題を解決することは、法人・事業所の存在意義に関わる未来の「あるべき姿」に向かって方向を決めていく働きであり、管理職員が果たさなければならない役割である。

◉**課題を「生み出す」：**「生まれてくる」問題ではなく、課題を「生み出す」ことが、管理職員に特に求められている。例をあげよう。納品されたオムツの箱が廊下に山積みにされ、通行に支障がある施設があった。発生型問題解決のレベルでは、倉庫などに空きスペースを見つけ箱を移動する解決で終わってしまうかもしれない。設定型問題解決では、「なぜ廊下に置かれているのか」「誰が廊下に置かせたのか」「発注の管理はどうなっているか」などと考え、よりよい状態をつくるための改善策を考えるであろう。このことによって問題は解決に向かって実行策をつくり実践する課題となる。

◉**全体を俯瞰する視点**：管理職員に望まれるのは、なぜ大量のオムツが届けられるのかという疑問を、発注や検収のあり方にとどめず、排泄のケアのあり方にまで考えを広げることができることではないだろうか。ケアに対する理念や目的が明確に描けていること、組織全体を俯瞰してみる視点があること、オムツの購入量や管理方法という目の前の問題を、排泄ケアのあり方にまで発展させることで、問題を課題にすることができる。このような視点と行動が管理職員には求められている。

3 問題解決が着実に行われるよう組織を管理する

現場では、解決しなければならない問題が次々に起こる。こうした問題への対応は現場で着実に行われなければならない。適切な対応が着実に行われるように組織を管理することも、管理職員の重要な役割である。

◉**問題の真因を把握**：管理職員は、問題の真因を把握することや、対応の優先順位を決めて実行することができなければならない。多くの問題に対してその場限りで対症的（継ぎ当て式）に対応しているだけでは、真の解決に結びつかない。「本当の原因」は何かを、組織としてきちんと把握することが解決へ向かうことになり、組織を導いていくことになる。

◉**優先順位を決める**：優先順位は、問題の重要度と緊急度から決定する。毎日の業務に追われていると、緊急度の高いことに目を奪われがちであり、その対応に追われがちになる。とりわけ現場の職員にはその傾向が強い。管理職員は俯瞰して職場全体を見る立場にあり、問題の重要度がより深く見える立場にある。その立場を生かさなければならない。

◉**重要度の高い問題を重点的に**：問題のなかには、重要度が高い問題、解決することによって法人・事業所全体に大きく影響を及ぼす問題がある。このような問題を組織として解決することで、梃子（てこ）の効果が働き、組織文化（風土）を変えることができる場合がある。管理職員は、こうした問題への感度を高め、責任をもち組織として重点的に取り組むようにしよう。

◉**「解決すべき課題」を全員で共有**：管理職員だけが問題を認識し、がんばっていたのでは、問題を組織的な課題とすることはできない。職員全体が「解決しなければならない問題である」という思いを共有することが重要である。管理職員は職員に対して、組織課題を説明し、組織が進む方向を示さなければならない。

◉**解決策を考える手がかりを示す**：組織として取り組む場合、管理職員は問題の本質や解決の方向、期限などを職員に説明し納得させなければならない（**図表5－3参照**）。「何のために」「いつまでに」などが職員に示されず、理解していないと、職員は問題解決に加わることができない。「何のために」が示されないために、問題解決に結びつかない場合がある。例えば「暴言を吐かれた」と書いてあるが、利用者が「暴言」を言ったときの状況や「暴言」の内容が書かれていないケア記録がある。このような記録では、事実としての現状把握が困難であり、解決策を考える手がかりにならない。日常の業務から「何のために」を徹底することも大切である。

●図表5－3　問題解決で伝えるべきこと

1	目的の明示	目的に照らした問題解決（解決策実行）の必要性
2	達成すべき目標	達成すべき目標は何か、達成すべき数値
3	いつまでに	達成のゴールはいつか、途中のチェックポイントも示す
4	問題の位置づけ	自分の働きは、他部署（職員）とどのような関連があるのか
5	未達成時の影響	もし解決できないと、どのような影響があるか

（著者作成）

問題解決を繰り返すことを組織文化に

1 組織文化とは何かを理解する

組織文化とは、「共有化された価値観・規範・信念」といわれる。組織のメンバーが共有する目標、期待される態度、「行動規範」などともいう。組織や組織の構成員が、意思決定や行動する際の「物差し」となる行動原理・思考様式ともいえるだろう。

◉**価値観の共有化：**エクセレント（超優良）な企業では「価値観の共有」によるマネジメントが行われていることが、トム・ピーターズ、ロバート・ウォーターマンによって示されている。明確な組織文化を構築し、価値観の共有化を図る企業が、非常に卓越（エクセレント）している、というものである。

◉**企業文化：**組織文化は簡単につくることができないともいわれるが、「文化がきわめて強い拘束力をもっている企業の中で、もっとも高いレベルの自主性が生まれている。そうした企業では、文化は本当に重要な少数の変数をピシッと調節するだけである」、（「IBMはサービスそのもの」という社是を紹介して）「一定の企業文化の中では、こうした標語そのものが、驚くほどの広がりをもつのである。同社では、一事務員にいたるまで誰もが、顧客サービスの向上に役立つなら何でも考えるように求められている」[1)]

1）トム・ピーターズ、ロバート・ウォーターマン、大前研一訳『エクセレント・カンパニー』英治出版、2003年、191～192頁

2 組織文化をつくり、高める

福祉サービス法人・事業所においても、問題解決行動の基礎に「利用者のために」が置かれている必要がある。何をもって組織の成果とするかを考えたとき、「市場で勝つこと」や「低コストでサービスを提供すること」が、その中心に置かれるのではなく、よりよいサービスを提供し利用者（顧客）に満足を与えることを中心に、組織文化をつくり高めていくことが大切である。

◉**組織文化を高めること：**組織文化を高めることによって、外部環境に適応して意思決定や行動の迅速化が図られ、組織の一体感が醸成されて整合的な組織行動がとれるようになる。また、組織構成員の不安を取り除き、弾力的で自由な行動を可能にし、外部に対して法人・事業所のよいイメージや信頼を形成することができる。

◉**問題解決思考：**福祉を担う人たちは、「他人の役に立ちたい」「利用者の笑顔がうれしい」と思って入職してくることが多い。問題解決思考で仕事に取り組むことによって、サービスの質を向上させると同時に、職員の満足度を上げることもできる。問題解決思考で仕事に取り組むことが「当たり前」のこととなるように、組織文化をつくっていくことが管理職員に期待されているのである。

3 組織の理想図を描き、繰り返し示していく

文化をつくろう……などといっていても、組織文化は形成されない。法人・事業所のトップが、

その組織の理想図を描き、繰り返し具体的に示していくことで組織文化は形成されていくものである。「志」の旗を掲げつづけることを大切にしてもらいたい。

◉**未来を見つめる戦略的思考**：管理職員には、未来を見つめる戦略的な思考が必要である。組織をとりまく現状や、将来の状況を把握し、組織の進むべき方向を先見的に構想することが求められる。経営戦略とは、「企業をとりまく環境との関わりについて、企業を成功に導くために、何をどのように行うかを示したもので、企業に関与する人たちの指針となり得るもの」「市場のなかの組織としての活動の長期的な基本設計図的なマネジメント」などといわれるが、「組織の存在意義を示し、目的に達する道筋を示すもの」と理解できる。

◉**戦略的なマネジメントの展開**：組織の存在意義を示したうえで戦略的なマネジメントを展開することが、管理職員に求められている。管理職員に求められる戦略的思考のポイントは、**図表5－4**にあげた6点である。戦略的マネジメントのプロセスにそって、理念を明確にし、高く掲げつづけることが重要である（**図表5－5**参照）。

●図表5－4　戦略的思考のためのポイント

1	過去の延長線上からではなく、新しい発想をもつ
2	経済・社会や福祉の制度、地域社会のニーズなどの環境変化に対応する
3	組織を将来に向かって方向づける
4	常に組織を革新する…革新（イノベーション）とは、新しいアイデアから社会的意義のある新たな価値を創造すること
5	重点分野に経営資源を配分する
6	明確な意図をもって、組織的に決定する

（著者作成）

●図表5－5　戦略的マネジメントのプロセス

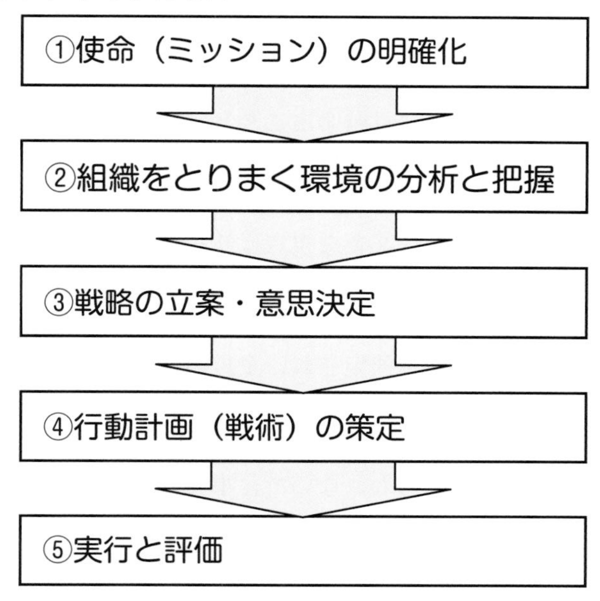

（著者作成）

問題解決の環境を整え、経営改善に寄与する

1 組織力を高める

サービスは組織によって提供されている。ひとりの職員が利用者へのサービス場面の全てに関わることは不可能であり、交代してケアなどに当たらなければ継続したサービスは提供できない。

◉**職員の自立と自律**：福祉の職場で働く職員には、2つの「ジリツ」が求められる。「自立」と「自律」である。管理職員には、組織が提供するサービスをマネジメントし、いつでも一定水準以上のサービスが提供できるように組織力を高めることが求められている。現実には、職員の経験や技量には差があり、自立した職員が自律的に働くことは簡単なことではない。標準化されたサービスの提供であっても、その実行に困難を感じることもある。

◉**職員が成長する仕組みづくり**：法人・事業所の規模にもよるが、管理職員が一人ひとりの職員を直接指導することは難しい。管理職員の役割は、職員が成長する仕組みをつくること、不断にサービスの質を向上させることを組織の文化にしていくことである。組織文化とは、組織と組織の構成員の意思決定や行動に影響を与える価値観である。

◉**理念（志）実現のための目標の設定**：常勤役員や施設長といった上級管理者は、法人・事業所の存在意義を理念や目的として明確にし、内外に常に示し、理念や目的を実現するための目標を設定しなければならない。「志」である法人の理念を高く掲げつづけ、自法人・事業所が提供するサービスを評価するうえで常に基準としていくことが、組織文化を形づくる。

◉**理念はサービス評価の物差し**：理念は法人が自らを評価する物差しでもある。これが定まっていなければ、問題解決はその場限りの応急対応で終わってしまう。管理職員自らが「なぜ理念にそって実行できていないのか？」「理念に照らして妥当なものであるか？」などを繰り返し自問し、組織として解決する方策を考えることが重要である。

2 サービス向上への取り組みを組織能力の強化につなげる

渋沢栄一が「道徳経済合一説」（『論語と算盤』）を提唱し、二宮尊徳は「道徳を忘れた経済は罪悪であり、経済を忘れた道徳は寝言である」と言ったと伝えられている。地域のニーズに的確に対応した良質のサービスを提供し社会に貢献することと、事業を継続させていくことは、法人・事業所にとって、どちらも欠いてはならない両輪である。

◉**組織能力を高める方法**：管理職員に必要な視点はサービスの向上を目指す取り組みが、組織能力の強化につながるように方向を示していくことである。そのための具体的な方法として次の5点があげられる。

①組織の目標は、職員の参画を得て決定され、全員の理解と合意が形成される。
②決定に至る過程では、自由な議論が保障される。互いの信念や考え方を本音でぶつけあい、率直なコミュニケーションが交わされる。
③人間関係や過去のいきさつにとらわれないで、事実に基づいて検討される。
④職員の個性が尊重され、創造性を発揮し、一人ひとりの能力や適性が生かされる。
⑤信頼に基づく関係で結ばれた集団を形づくる。信頼や尊敬のうえに職員間の援助や助言が積極的に行われ、職員間の要望に積極的に応える風土が形成される。

◉**コンフリクトを活用する**：組織能力を高めるうえで、コンフリクト（Conflict＝衝突、葛藤、対立といった意味）の存在を認め、積極的に生かすことが重要である。コンフリクトは、一見すると組織力を高めるための阻害要因のように感じられる。しかし、現在では調和的で平穏な協力的集団は停滞しがちであることが明らかになり、コンフリクトを悪と考えるのではなく、逆にコンフリクトを効果的に活用することが推奨されるようになっている。

◉**率直に話し合える職場を**：問題解決に限らず、組織の構成員が初めから同じ考え方であるはずがない。組織力強化のために示した上記の5つの方法でも、結論を急いで葛藤や対立をないものと考えたり、葛藤や対立のない解決方法を安易に選んだりしていたのでは、「本当の事実（真因）」にさかのぼった解決策を導き出すことは難しいだろう。葛藤や対立のない改善はあまりよい改善、革新的な改善につながらない恐れが大きい。率直に意見を言い合う職場、互いの本音を語り合えるチーム、他人の意見を率直に聞き新しい気づきを生むことができる職員……こうした組織にするためには、コンフリクトを恐れず、コンフリクトを前提に組織を見つめることが重要であろう。

3 問題解決能力を組織的に評価する仕組みをつくる

組織内の各レベルで問題解決行動が的確に行われることが、組織の経営力を高めていく。管理職員は、現場レベルでSDCAサイクル、PDCAサイクルが実行されているかどうか常に評価し、リーダーがメンバーの問題解決を適切に指導しているかどうか評価する。同時に、リーダー自身が職場の問題を把握し、チーム力を高める行動がとれているかどうかを評価し、励まし、道筋を示すことが重要である。現場で起きている問題を、個々の職員が業務標準に基づいて解決できているかどうか、自己点検できる仕組みをつくり、運用が行われるような仕組みをつくるようにしなければならない。

◉**臨機応変に対応する能力**：組織的な評価ができる仕組みをつくることによって、職員の潜在的または顕在的能力の評価をすることができ、提供するサービスの質への貢献度にリンクする職員評価が可能になるであろう。組織ぐるみで問題解決能力を高めることとは、職員の能力がサービス向上という成果につながるような行動を継続していくことである。福祉の仕事では、決められた行動ができることはもちろん、サービス提供過程での変化や危機的な場面に臨機応変に対応できる能力がより求められるからである。

◉**コンピテンシー**：そうすれば共感・理解力に基づく洞察により情報を得、専門知識とコミュニケーション能力を活用してサービスを提供できる人（コンピテンシー＝高いレベルの業務成果を生む特徴的な行動特性）を適正に評価するようになるであろう。

●図表５－６　戦略的解決を図るために…問題の構造と把握

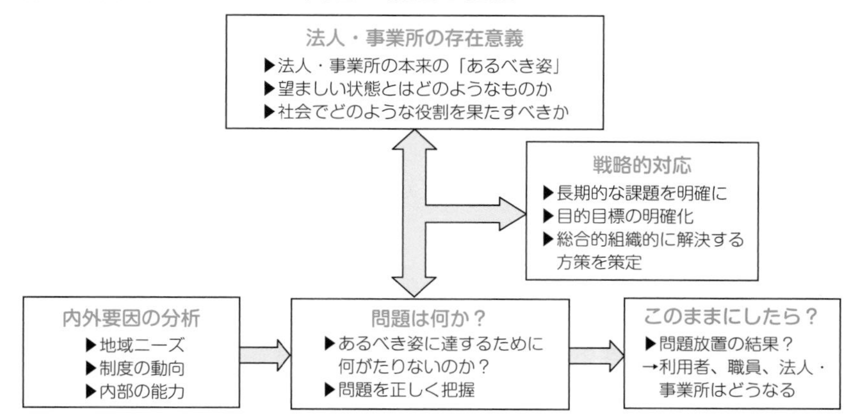

㈱日本能率協会コンサルティング『問題を整理し、分析する技術』日本能率協会マネジメントセンター、2004年を参考に著者作成）

実践研究活動を活性化させ「学習する組織」をつくる

1 学習する組織を目指す

対症療法的な問題解決に終始していると、目の前の問題を解決しても似たような別の問題が起きたり、ずっと後に大きな問題が出てきたりすることがある。本当の解決策を見つけ、実行するためには、いま起きている問題だけを見る「手前主義」に陥ることなく、「あるべき姿」や法人・事業所の存在意義に立ち返って考えなければならない。

◉**システム思考：**「根本的な問題解決をしたい」「個別の問題を最適化するのではなく、法人・事業所全体がレベルアップする問題解決にもっていきたい」……このように考えることを「システム思考」という。「学習する組織」とは、システム思考を基礎に、職員一人ひとりとチームとが問題解決に取り組み、革新的な解決法をつくり出す能力を伸ばし続ける組織のことである。目的に向けて効果的に行動するために、集団としての「気づき」と「能力」を継続的に高め続ける組織ともいえる。

◉**学習する組織の単位：**学習する組織の単位はチームが基本である。個々人の学習は当然必要であるが、目的を達成するために、互いにその存在を必要とする集団であるチームこそ、学習する組織の単位として大きな効果を上げる単位にふさわしい。チームには、部や課というライン単位だけではなく委員会やプロジェクトチームも含まれる。

◉**チーム学習：**チーム学習は、個人の個別学習に比べ高度なレベルでの学習を可能にする。励まし合い、討論することで大きな相乗効果が生み出される。旧来の考え方から離れ、チームメンバーに対してオープンな態度で臨み、問題解決への認識を共有し、全員が納得できる目標を設定し、解決策を協力して実行する。管理職員は、自法人・事業所を、このような組織に変革させていかなければならない。

2 日常業務を振り返り、個人と組織の能力・意識を高める

組織における学習とは、目的を効果的に達成するために、日常の業務が効果的・効率的に遂行できているか、組織として振り返りをすることである。この結果、個人と組織の能力・意識を高めることができる。

◉**認知症の捉え方の変化：**福祉サービスは歴史が浅く、制度は変わり、サービスのあり方も常に変化し続けている。認知症を例にあげれば、中核症状（記憶障害、見当識障害、理解・判断力の低下、実行機能の低下など）と、行動・心理症状（BPSD／うつ状態や妄想のような精神症状や、日常生活への適応を困難にする行動上の問題）とを、きちんと把握できるようになったのは近年ではないだろうか。行動・心理症状は、本人がもともともっている性格、環境、人間関係などさまざまな要因がからみ合って起こるものであり、ケアによって改善する例が多いことは、学習を怠っていたのでは理解できないことである。

◉**問題の文章化・図式化：**日々の仕事で困っていること、もっとよくしたいことなどさまざまな問題に主体的・自律的に取り組み、問題解決を組織的に行い、文章化・図式化していくことが重要である。暗黙知を形式知にしていくことも含まれるだろう。

◉**パーフェクトではないコンプリートを目指す：**阿部志郎氏は、サービス提供においてパーフェク

トを実現することは困難だが「完全（コンプリート）」を目指すことは可能だと指摘している。サービスの知識・技術をもっとよくするための努力を継続することによって、サービス提供の未知なる世界がまた見えてくるという趣旨である。決められたことを黙々とこなすだけではなく、「なぜ？」を繰り返し、もっと高い地点を目指す組織をつくる、学習することが喜びとなる職員を増やすことを管理職員の重要な目標にしてほしい（**図表5－7**）。

3 学習する環境を整備する

福祉サービス事業所にとって、人を採用し、優秀な職員に育て、将来を託すことができるかは、最大の投資である。職員を、単なるLabor（働く人）でもHuman Resource（人材）でもなく、価値を生む存在Human Capital（人財）として考えることが必要である。

◉**OJT、OFF-JT、SDS：**職員研修には周知のとおり、OJT、OFF-JT、SDSの3つの方法があるといわれてきた。職員実践研究活動は研修活動の発展型と理解してよいだろう。研究対象は職場にいくらでも存在する。職場は実践研究の宝庫である、問題のない職場などありえないからだ。

◉**実践研究は全てのレベルで取り組む：**実践研究は職員の勤務経験や職位に関係なく、全てのレベルで取り組まれるよう留意する。個室清掃のパート職員たちが、支給されるエプロンの使い勝手が悪いことに着目し、スリットを増やして屈みやすくすると同時に、吊り下げ式の名札が利用者に当たることにも気づき、エプロンの胸に名札を収納する透明なカバーのついたポケットを考案した例がある。「もっと働きやすく」という素朴な動機が、利用者への配慮につながった考案に至った例である。このパート職員たちは、その後も改善の意欲が継続しているという。

◉**リスク管理、苦情解決：**リスク管理活動や、苦情解決活動などは委員会を立ち上げ、職種横断的に活動している法人・事業所が多いであろう。ここに集約された事故情報や苦情を分析し発表することも有効な方法である。問題を分析し、間違ったことを繰り返さない、「あるべき姿」とのズレを解決する姿勢で行った問題解決の過程と結果を、文章化・図式化し全体に伝えることは、再発防止にとどまらず、サービスの向上に寄与するものになる。

◉**学習する組織の仕組みづくり：**管理職員は自らも学習する姿勢を示しつつ、学習する組織の仕組みづくりの先頭に立ってほしいものである。実践研究の奨励、法人・事業所内研究発表会の開催、施設協議会等や地域で行われる研究発表会への参加、などである。

実践研究の定着が、職員の学習意欲を増し、資格試験への挑戦や大学院への進学など学習意欲の向上につながるように、目標を立て、管理職員が責任をもって管理していくことが望ましい。

●図表5－7　パーフェクトとコンプリート

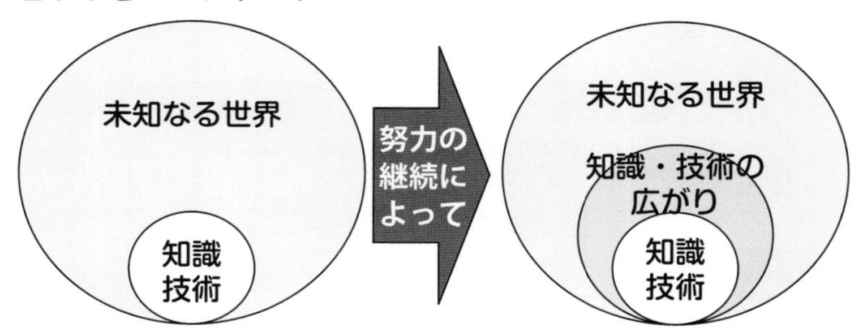

パーフェクトな人間は存在しないが、図の白い部分を増やそうと目標を立て、目標に向けた努力を継続することによって、その時々の状況に合わせた目標が達成されていく。このことを「コンプリート」という

（阿部志郎、河幹夫『人と社会－福祉の心と哲学の丘』中央法規出版、2008年、48～49頁を参考に著者作成）

第5章　業務課題の解決と実践研究

前巻までのポイント

業務課題の解決と実践研究

以下の内容は、『福祉職員キャリアパス対応生涯研修課程テキスト』〔初任者・中堅職員・チームリーダー編〕の第5章をまとめたものです。

1 福祉サービスの特性【初任者編・第5章第1節】

■サービス業のなかでも、福祉サービスにはより注目すべき特性がある。

《福祉サービスの特性》

①ほしくて求める商品（サービス）ではないこと
②情報の非対称性が存在すること
③サービス需要の背後にある問題を捉えることが重要であること
④共同指向的であること
⑤公共性・継続性が強く要求されること

2 問題の捉え方

■問題の捉え方は、気持ちのもちようと行動によって異なる。

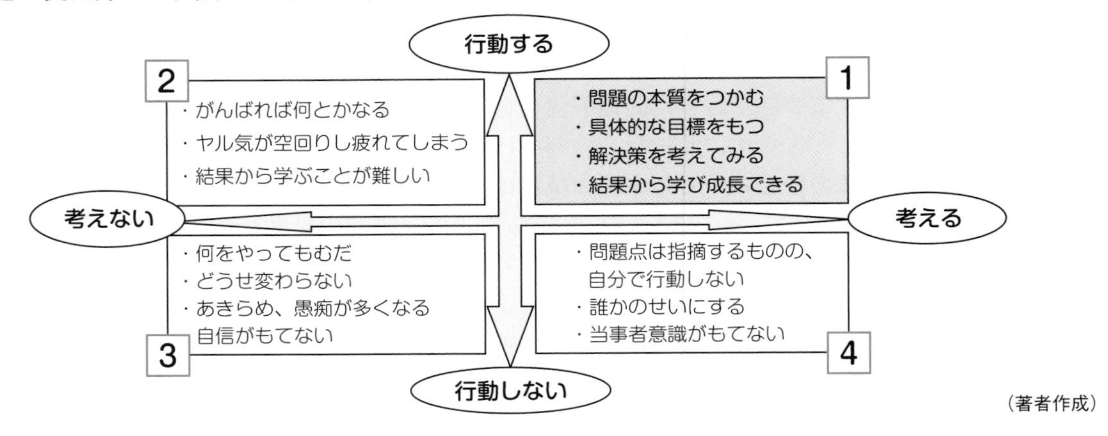

（著者作成）

3 問題の種類とチームリーダーの役割【チームリーダー編・第5章第2節】

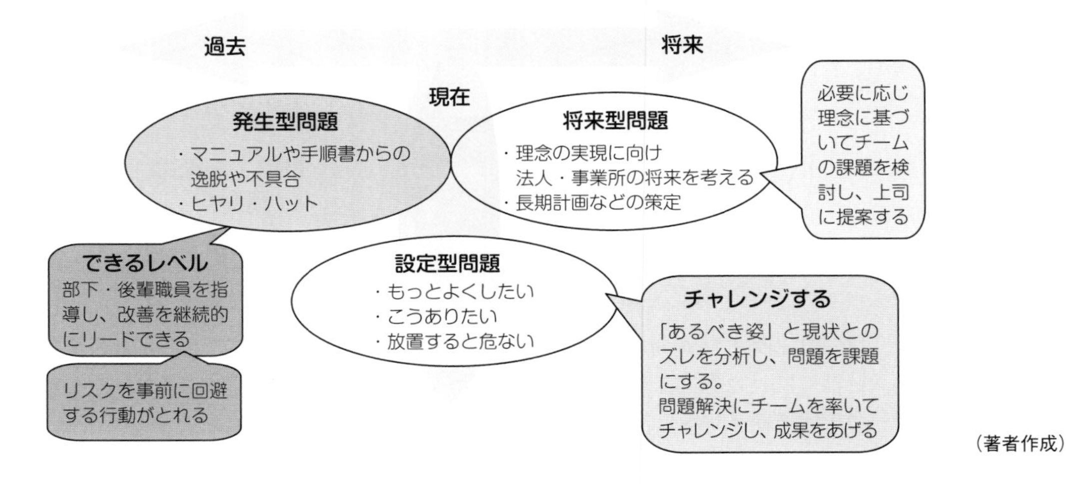

（著者作成）

4 問題を課題にする【中堅職員編・第５章第３節】

■問題を問題のまま放置しておいたのでは解決につながらない。問題の発見から解決策を考え、実行に移す計画を作成し、組織として取り組むことが必要である。

《６Ｗ２Ｈで事実を把握する》

６Ｗ２Ｈ		チェックする内容の例
Why	なぜ、何のために	業務は目的にそって行われたか 職員の業務の目的や理由の理解は十分だったか
Who	誰が	それぞれが、自分の役割を理解していたか
Whom	誰に	利用者中心の業務になっていたか 職員の都合で業務をこなしてはいなかったか
What	何を	業務の手順は職員に正確に理解され実行されていたか 業務標準や手順書に問題はなかったか
Where	どこで	業務を行う場所は適切であったか
When	いつ	事前の準備や手配はできていたか 時期、時間を意識し開始時刻や業務時間は守られたか
How	どのように	方法や手段を理解して業務をしていたか 業務のプロセスは正確で利用者は快適だったか
How much	どのくらい	提供したサービスは費用に見合っているか むだはなかったか

（著者作成）

5 実践研究の意味を知る【中堅職員・チームリーダー編・第５章第５節】

■実践研究は、内発的な動機に基づいて取り組むことが望ましい。改善過程の苦労は、成し遂げると大きな達成感につながる。

■実践研究の目的を理解し、メンバーをリードすることが必要である。

《実践研究（改善）は楽しく》

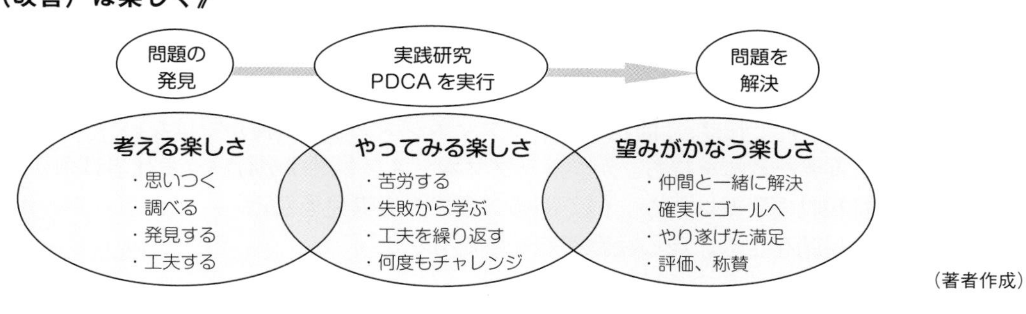

（著者作成）

《実践研究に役立つ思考の流れ》

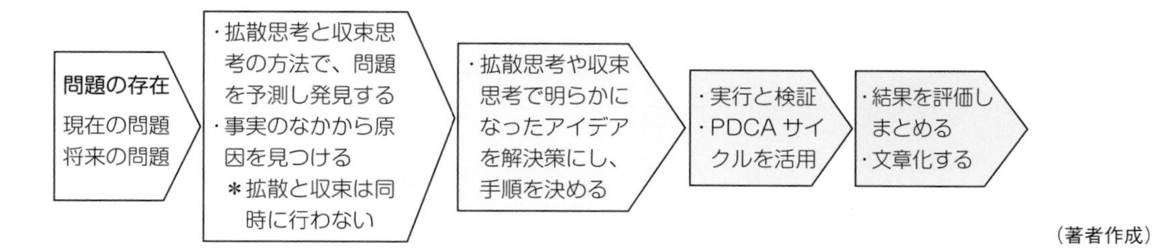

（著者作成）

ティータイム

トップマネジメントと問題解決

解決法1 ……………………………………… トップマネジメントは「致命的に重要」

➡ P.F.ドラッカーは、トップマネジメントとは「組織の成功と存続に致命的に重要な役割をもつ」と述べている。そして、トップマネジメントの役割を果たすためには、以下の4つの性格が必要だともしている[1)]。

①考える人　②行動する人　③人間的な人　④表に立つ人

➡ この4つの性格を全てもつ人はなかなか存在しないだろう。しかし、トップにしかできないこと、トップだけができることがある。それは「トップの地位にある」ことである。トップの地位にいるからこそ全体が見え、法人・事業所の進む先を見ることができる。特別の予知能力があるからではなく、まじめにトップの役割を果たしていれば、見えてくるものがある。ゆえに、トップは組織全体の方向づけができるのである。

解決法2 ……………………………………… 社会に貢献し、働く人を生かす

➡ 福祉サービスを提供する法人・事業所には、それぞれ固有の理念が存在するが、共通した理念として次の4点をあげることができる。

①ケアなど直接的なサービスを提供すること
②研究・教育機能を生かし、後継者を育成すること
③地域の福祉マインドを醸成すること
④経営の継続性を通じて地域経済に貢献すること

➡ 法人・事業所は、サービスの質を向上し続けなければ、上記の4つの理念を追求することができない。理念（存在意義）を追求するためには、日々の仕事が問題解決的に実践されていなければならないのである。

➡ ドラッカーによれば、「問題は、トップマネジメントとは何かではない。『組織の成功と存続に致命的に重要な意味を持ち、かつトップマネジメントだけが行いうる仕事は何か』」[2)] すなわち、

＊「われわれの事業は何か。何であるべきか」を考えること
＊基準と規範を定め、自ら良識機能を果たすこと
＊組織とその精神をつくりあげること

であり、問題解決に取り組むこと、法人・事業所の研究・教育機能を高めることは、サービス向上の梃子（てこ）になる可能性を大きくもっている。

1）2）P.F.ドラッカー、上田惇生訳『マネジメント【エッセンシャル版】』ダイヤモンド社、2001年、225頁

解決法3 ……………………………………… イノベーションを展開する

➡ イノベーションとは、新しいニーズをつくりだし利用者（顧客）等の満足を得ることである。福祉サービスは制度に従属するものでなく、ニーズによって生み出されてきた。問題解決に取り組む組織＝「学習する組織」をつくることこそ、トップが行うイノベーションの重要な一部である。

➡ 「変化をマネジメントする最善の方法は、自ら変化をつくりだすこと」であり、問題解決を繰り返すことによって、福祉サービスのよい変化が起き、働く人を生かし、将来を担う人材（人財）を生み出すことができる。トップはその先頭に立つべきである。

第6章 リスクマネジメント

福祉経営とリスクマネジメント

目標

◉管理職員には実践する行動力と成果を上げることが求められる。
◉第6章では、福祉経営におけるリスクマネジメントの取り組みを適切に実践できることを目標とする。
◉はじめに、リスクマネジメントシステムにおけるトップの役割と、システムの継続的改善のために必要な視点と実践方法を身につける。
◉次に、事故・過誤や苦情発生時の具体的な対応方法を学び、実践できるようにするとともに、その際の対応を確実なものとするために必要なコミュニケーションの方法を学び、実践できるようにする。また、事故・過誤や苦情の再発防止の中核となる業務標準の適切な管理方法と運用方法を学び、実践できるようにする。
◉さらに、コンプライアンス経営についてリスクマネジメントの視点から学ぶと同時に、リスクマネジメントが目的とする継続性に関連し、事業継続計画に焦点を当て、管理業務の視点での計画構築の方法と、実践方法を学ぶ。

構成

1. リスクマネジメントシステムを正しく機能させる
2. 事故・苦情のマネジメントを行う
3. 業務標準を適切に管理し、運用する
4. 管理業務におけるコンプライアンスを実践する
5. 事業継続のマネジメントに取り組む

＊ティータイム＊ …… 根拠を明確に

1 リスクマネジメントシステムを正しく機能させる

1 リスクマネジメントシステムを適切に構築し、管理する

管理職員に求められるのは、福祉サービスのリスクマネジメントに関する知識はもちろん、それに基づいた適切な判断ができ、さらにリスクマネジメントシステムが組織内で有効に機能するための仕組みづくりと、その管理を実践することである。

◉**リスクマネジメントの概念：**私たちの社会がより便利で快適になるにつれ、社会のさまざまな仕組みが複雑になり、技術やシステムがより高度になっている。従来のようにリスクとなる損失の予測自体が難しくなってきた。そのため、近年、リスクの定義が新たに「不確かさ」と変更され、リスクマネジメントの概念も、不確かさの影響に対する「意思決定」に変更された。

福祉サービスのリスクマネジメントは、これまで医療現場同様、ヒヤリハット報告[1)]などを中心とする小集団活動を中心として取り組まれてきた。福祉現場でも社会の動きとともに業務内容が高度になり、利用者の抱える問題も複雑になってきている。

◉**基本的視点：**福祉サービスのリスクマネジメントの基本的視点は、根拠法である社会福祉法に示された事項と、厚生労働省のガイドラインや全国社会福祉法人経営者協議会の報告書などに基づく。福祉サービスのリスクマネジメントは、社会福祉法やこれらの報告書に示されているとおり、組織防衛的に取り組むのではなく、利用者を守る視点で取り組むことを認識することが重要である。さらに、その取り組みは、サービスの質の確保と向上の取り組みのなかで実践する。

◉**サービスの質の確保と向上：**サービスの質の確保と向上の取り組みを実質的に機能させるためには、重点指向、プロセス指向、継続的改善、事実に基づく管理が不可欠である。これらを継続的に実施することにより、サービスの質の確保と向上が図られる。この継続的改善は、PDCAサイクルを回すことによって可能となる。

管理者はこれらを組織内に継続して周知し、福祉サービスのリスクマネジメントシステムが有効に機能するための組織風土をつくる必要がある。

1）事故に至らない「ヒヤリ」としたり「ハッ」とした事例を報告すること。多くは定められた様式に記録する方法をとる。

2 管理職員の果たすべき役割を理解し実行する

管理職員は、社会福祉法第24条第1項に定められているとおり、サービスの質の改善と事業経営の透明性の確保に取り組まなければならない。そのための業務には2つの視点があることを認識する必要がある。

◉**通常業務：**通常業務は、これを行わなければその日の仕事は終わらないルーティンワークに相当する業務のことをいう。SDCAサイクルにより行う業務がこれにあたる。SDCAの「S」はStandard、つまり標準（業務標準）に基づく業務である。

◉**通常業務の改善のための業務：**通常業務の改善のための業務は、しなくてもその日の業務には影響しないため、今日行わずに明日に先送りすることも可能である。PDCAサイクルにより行う業

務がこれに当たる。言い換えれば、通常業務の改善のための業務は、通常業務のプラスアルファの業務である。つまり、質の向上のための業務は、改善を行う必要性を組織内に周知し、メンバーの共感を得て、管理職員が明確なキックオフをしないと、実際には進まないことを意味する。キックオフを行う際には、委員会の設置など支援体制をつくるとともに、いつまでに何を行うという、明確な目標設定と、達成度合いの評価が不可欠である。

サービスの質の改善のための業務は、管理職員自らその必要性を認識し、組織のなかで主導的に推進しなければならない。職員にまかせておいてすむ業務ではない。管理職員の明確な意思と具体的な行動が問われている。

3 最良よりも最適を目指すシステムを構築する

管理職員は、常に組織内外の環境の変化を見極めておかなければならない。サービスの質の改善を行うPDCAサイクルの「P（Plan）」は、常に組織内外の環境にかなっていることが重要である。そのためには、「P」は「ある」ものから「使える」ものである必要がある。使えるものにするためには、次のような視点で定期的な見直しを行う。

◉**組織内の環境に適応させる**：職員の異動や新人の採用など職員の変化、利用者の状態の変化に適応させる。

◉**社会の環境に適応させる**：法や規制事項の変更、社会の価値観の変化に適応させる。例えば、これまでは社会的に不安をあおるとして公表されなかった災害の危険情報は、昨今、ハザードマップを公表するなど、変化してきている。われわれをとりまく経営環境は常に変化する。

4 リスクマネジメントとISO9001の関係性を理解する

近年、福祉サービス提供現場でも、ISO9001の認証を取得する事業者が増えてきている。ISO9001は、品質マネジメントシステムといわれ、PDCAのマネジメントサイクルを用い、サービスの質の向上を、システムとして機能させるためのものである。なかでも、PDCAの「C（Check)」に当たる機能として、ルール化された内部監査や是正・予防処置があることや、経営者の品質マネジメントへの積極的関与（コミットメントといわれる）を問うているのが特徴である。

ISO9001の認証を受けている法人・事業所は、共通したシステムや定義された言葉による共通認識が持てるため、組織同士で互いに相対比較できるメリットがある。自らの組織が組織内外の経営環境に適合しているかどうかを判断するうえでは、同じルールや手法によって自組織のマネジメントのあり方を比較できることは大きな強みとなる。管理職員にとって他との比較ポイントをもつことは重要である。

事故・苦情のマネジメントを行う

1 事故・過誤や苦情発生時の状況に応じて適切に対応する

◉**想定できる事故・過誤や苦情への対応**：多くは、あらかじめ定められた業務標準などのルールからの逸脱によって生じる。再発防止策は、業務標準を組織内に周知し、職員が定められたルールに則って業務を行うことである。そのためには作成されている業務標準が、最新で使えるものとして備わっていなければならない。

◉**想定できない事故・過誤や苦情への対応**：「この事故は想定外であった」と、発生した事故に対し、適切に対応できなかったことの言い訳をしても意味はない。想定外の事態が生じた際は、そのとき、何をもとに判断し、行動したかが問われる。私たちの判断の根拠は、社会福祉法をはじめとする関連法規に記されている福祉サービスの目的や提供の原則に基づく福祉サービスの基本的概念である。

事故・過誤や苦情が発生した時、先に結果の良し悪しを気にしすぎると、自組織や自分自身の保身に走ってしまいがちとなる。想定外の事態に直面し、なんらかの判断をする必要があるとき、その判断の根拠を明確に示し、説明できることが、リスクマネジメントの視点では重要となる。

2 高度化・専門化する現場業務に応じた知識を身につける

昨今、福祉サービスの提供現場では、利用者の重度化が進行している。例えば、高齢者分野においては、利用者の重度化にともない一定の訓練を受けた介護福祉士が施設内でたんの吸引を実施したり、専門職のみならず地域住民にまで、適切な認知症対応が求められる時代となってきている。知的障害者施設等においても入居者の高年齢化にともない、介護の知識も必要になってきている。今後、管理職員にはこれまでの専門分野を越えて、幅広い知識と判断が求められる場面が増えることは確実である。もはや、管理職員の現場業務に対する知識が不十分だと、福祉現場の管理を行うことは困難な時代となってきたことを認識する必要がある。

3 組織内コミュニケーションの方法を適切に使い分ける

組織内コミュニケーションの方法には、トップダウンとボトムアップの二通りがある。管理職員は、その時の状況に応じて、これらを適切に使い分ける必要がある。

◉**トップダウン型**：組織内に決められた仕組みを周知するときや、緊急対応を要するときなど、速やかで確実な対応が必要なときには、組織内コミュニケーションはトップダウン型となる。コミュニケーションの形は伝える力を重視した指示・命令型となる（**図表6－1参照**）。

◉**ボトムアップ型**：逆に、改善提案を求めるときなど、職員からさまざまな意見がほしいときは、組織内コミュニケーションはボトムアップ型となる。コミュニケーションの形は、まとめる力を重視した、協働・協力型となる（**図表6－1参照**）。

コミュニケーションの基本は、職員を信頼し認めることであり、そのメッセージを常に職員に伝え続けることである。なかでも、事故報告を速やかに実施した職員や、自分にとっては不都合な報告を行った職員に対しては、その行動や勇気をほめることが、組織内でリスクマネジメント体制を有効に機能させるうえでは重要となる。現場から報告されるマイナスの情報は、さらなるリスクを回避するうえで重要な情報となるからだ。

4 利用者やその家族と適切にコミュニケーションをとる

例えば介護施設での緊急ショートステイの受け入れ時に、利用者が転倒してしまい、大腿骨の頸部骨折が発生してしまったとする。

◉家族の認識（期待値）

家族：施設はバリアフリー設計になっているから、家ほど転倒することもないだろうし、看護師など専門家がいるから、万が一転倒しても大事に至らない。

◉職員の認識（現状）

施設職員：緊急ショートなので、利用者の心身の情報もほとんどない。利用者も急な利用で混乱しているかもしれないので、施設内を歩き回るかもしれず、転倒のリスクはとても高い。施設の床は床材の下はコンクリートなので、転倒したら骨折の可能性が高い。

このような認識のずれが、事故発生後に顕在化したということはないだろうか。説明がたりなかったと後悔しても後の祭りである。例えば、我々は、コンビニエンスストアとスーパーマーケット、大手航空会社とLCC（格安航空会社）のどちらかを選択して利用する際には、それぞれのサービスの特徴を理解してサービスを購入している。福祉サービスはどうだろうか。施設内で提供されるサービスはもとより、利用が普遍化している保育やデイサービス等であっても、我々が市中のサービスの特徴を認識し、選択して購入しているほどには知られていないのが実状ではないだろうか。事故などのマイナス情報はなおさら知られていない。

同じような事故が発生しても、訴訟にまで発展する場合と、利用者や家族の理解が得られる場合が生じるのは、事故の程度以上に、現状と期待値のズレの大きさによるところが大きい。我われは、利用者やその家族に、提供するサービスの内容はもちろんのこと、サービス利用にともなう事故などのリスクも丁寧に説明することが重要だ。仮に、サービス提供に過剰な期待を持たれているとすれば、その期待値を下げる必要がある。

●図表6－1　組織内コミュニケーションの方法

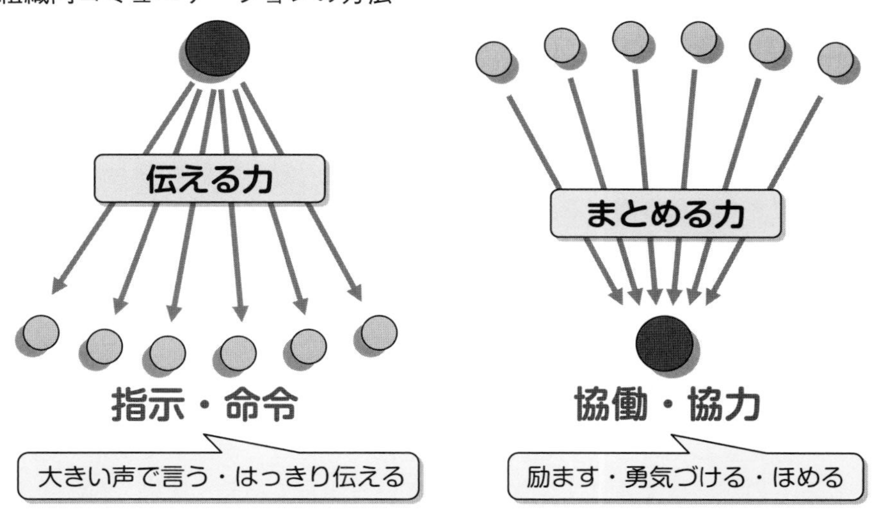

（宮田裕司編著『社会福祉施設経営管理論2020』全国社会福祉協議会、2020年、177頁）

業務標準を適切に管理し、運用する

1 業務プロセスを見直す

私たちが日頃行うサービス提供業務には、2つの側面がある。1つは、直接利用者に関わる業務（以下メインプロセスと呼ぶ）、もう1つは、それを支援するための業務（以下サブプロセスと呼ぶ）である。事務処理などの総務業務は、福祉サービスを提供する組織全体のなかではサブプロセスである。

直接利用者に関わる業務にも、メインプロセスとサブプロセスがある。食事に関する業務では、介護職員による食事介助等はメインプロセスであるのに対し、調理や食事の準備、食後の片づけなどはサブプロセスである。

例えば、食事介助のサービス提供手順が、「食事の準備」から「汚れた床の拭きあげ」までになっている場合がある。介護福祉士などの介護に携わる職員が、専門的知識や技術に基づき実施しなければならない業務は、利用者の摂食を支援する業務である。しかし、その前後の準備と片づけなどのサブプロセスに関わる業務も広く担っているのが、多くの職場の現状である。

手順書の運用がうまくできているにも関わらず、職員のなかから、「業務でいっぱいいっぱい」という言葉が出てきているとすれば、業務プロセスを見直したほうがよい。メインプロセスとサブプロセスが明確に分かれていると、逆に介護職員が利用者に関わる時間が増えることにもつながる。

2 業務手順を実行できるよう訓練する

私たちが運転免許証を取得する際、先に学科の講習を受け、交通標識の読み方など交通法規を学ぶ。次に教習所の構内で何度も車両の運転技術を学び、さらに一定のレベルの試験に合格すると、路上教習に出ることができる。なかでもいちばん重視されるのが構内での技術講習である。なぜなら、路上教習に出るときには、失敗が交通事故に直結するからだ。

例えば、救命救急の手順書に、「呼吸なし、または死戦期呼吸の場合AEDを使用する」と記述されていたとする。職員は、まず「呼吸なし、または死戦期呼吸」の意味がわかっていること、さらにAEDの正しい使用方法も知らなくてはならない。循環のサインの有無については、研修を受けてその意味を知っていれば正しく確認することはできる。しかし、AEDの正しい使用方法は、聞いたくらいでは実際に使用できる保証はないし、一度や二度の訓練で確実に身につくものではない。

このように知識を得ていても、訓練が不足していると、いくら最新の手順書があっても、実際にそのとおり活用できない場合がある。活用できないものは、それがどれほどよいものであっても無意味であるばかりか、その業務に関わる事故や過誤が生じた際に、業務手順書があるにも関わらず適切に使用されなかったと逆に過失責任を問われる事態にもなりかねない。

3 手順書見直しのためのルールをつくる

組織では、年月を重ねるごとに手順書の数が増えていくことが通例である。増えていく原因は、不要と思われるものが、捨てられずに保存されているからである。組織では、とりあえず取っておくということが往々にして起こる。「誰が処分したのか」と追及されることを避けたいというような意識が働くこともある。
　これを防ぐためには、手順書の見直しのためのルールをつくることである。
　見直し方法には2つある。1つは「マイナーチェンジ」としての見直しである。手順書自体はそのまま残し、記載内容の削除や手順の見直しを行う方法である。もう1つは、「モデルチェンジ」としての見直しである。その手順書は現在も必要なのかと、手順書等の存在そのものを見直す方法である。
　前任者が作成したものはなかなか捨てづらい。なぜなら前任者は上司であることが多いからだ。ルールがあると、「ルールに則って捨てた」と説明できる。これは、担当する職員が「あなたが捨てた」と言われないですむことにもつながる。

4 業務標準を定期的にチェックする

　業務標準の適切な管理と運用のためには、定期的なチェックが欠かせない。事業所が提供する福祉サービスのチェックの必要性に関し、社会福祉法第78条には、自己評価を行うよう定められている。
　業務標準に基づくチェックは、次のような3つの側面から実施すると有効である。

- 業務手順書などの定められたルールと、実際の現場の業務の違いをチェックする。
- ケアプランなどに記述された顧客要求事項との違いをチェックする。
- 文書に書かれていることと、実際に行われたことの違いをチェックする。

　これらのチェックで重要なことは、事実に基づき実施することである。事実に基づくためには、次のような順番で行うと効果的である。
　このように、チェック方法がルール化されていると、何をチェックし、どこに問題があったのか、関係者で認識を合わせることができる。チェックもルールに基づいて実施することがリスクマネジメントの視点では重要である。

●図表6－2　業務標準のチェック方法

文書・記録を見る
↓
ヒアリングを行う
↓
実際にやってもらう

（著者作成）

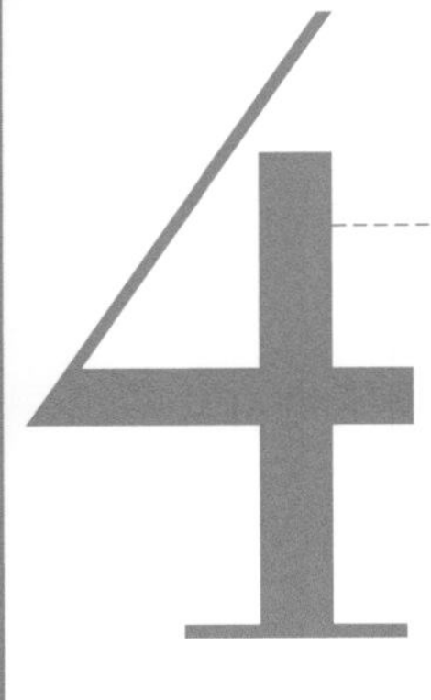

管理業務における
コンプライアンスを実践する

1 遵守状況をチェックし、記録する

遵守しているとは、「きちんとやっている」「徹底している」「間違いない」ということではない。これらの言葉は、事実ではなく判断であり、遵守の事実を説明したことにはならない。それでは遵守の事実とはどのような状態のことをさすのか（**図表6－3参照**）。

◉**遵守のルールが有効に機能しているかをチェックし、結果を記録する：**遵守のルールとは、ただ「守ります」ということではなく、いつ（日時）、誰が（担当者）、どこで（部署）、何を（内容）、など、遵守の具体的な中身を明確にすることである。多くは手順書として可視化される。遵守の記録とは、これらルールどおりに実施されたかどうかを後から事実をもとに確認できるものである。

◉**組織内部で監査を行い、不具合があれば是正をうながす：**次に、これら遵守のルールと記録をもとに、遵守が適切に行われていたかどうかを判断する。これを監査という。監査を行ったら、その結果をまとめ、不具合がある場合には該当部署に是正をうながす。これも書面により行い記録として残す。合格するまで、この是正処置は繰り返すことになる。

2 社会規範やルールの遵守を組織内に意識づける

私たちが社会生活を送るうえで、社会のルールや規範に従っているのと同様に、組織もまた、社会のルールや規範に従って業務を行うことが求められる。しかし、組織では、往々にして社会の規範やルールよりも、組織の慣習等が優先し、社会的に問題となる場合がある。公益通報者保護制度は、このような背景のなか、食品の偽装やリコール隠しなど、企業不祥事をきっかけとして2004（平成16）年に施行された。

社会福祉事業にも公益通報者保護制度は適用される。この制度に関わる重大な問題は、施設内虐待である。2005（平成17）年には、施設内虐待を知った職員に対し、市町村に通報する義務を課した高齢者虐待防止法が制定された（障害者や児童についても、虐待防止法が制定されている）。これらの制度は、いずれも通報者の保護を規定しているが、公益通報者保護制度だけでは、根本的な虐待防止にはつながらない。管理職員が、利用者の尊厳を守る福祉サービスの責務を自覚し、組織内に周知することが重要である。管理職員は、法令を遵守しているか、私たちに社会の厳しい目が向けられていることを認識しなければならない。

3 コンプライアンス、ガバナンス、アカウンタビリティの関係性を理解する

◉**コンプライアンス：**コンプライアンスとは、組織が意思決定する際の判断基準である。実際にコンプライアンスを有効に機能させるためには、組織のガバナンス（意思決定機能）が問われる。福祉サービスは長らく措置制度下にあったため、措置基準に基づく施設の運営管理という側面が強く、経営管理という用語が頻繁に用いられるようになったのは、2000（平成12）年の社会福祉法への改正以降である。

◉**ガバナンス：**社会福祉法人のガバナンスには、コンプライアンスに基づく経営を行うという意味

でのガバナンスと、公益法人としての人格に基づき、そのあり方を社会に行動として示すという意味でのガバナンスがある。リスクマネジメントの視点に基づくガバナンスとは、社会福祉法に規定される事項をもとに、役職員が判断できるような体制を整備することである。平時の経営はもちろんのこと、事故や災害など、緊急の判断が求められるときにこそ、その視点に基づき、的確な判断と行動がとれるようにすることである。

◉**アカウンタビリティ：**アカウンタビリティとは説明責任のことである。社会福祉法第76条では、契約時における説明責任が定められているとともに、第24条第1項には、経営の透明性の確保が定められている。現在は、法人の現況報告書等を公表することが義務づけられているが、これらに加え、サービス内容に関する説明責任を果たすことも欠かせない。その際には、業務手順書や記録をもとにサービス内容を具体的かつ客観的に説明できるようにすることが、リスクマネジメントの視点では重要となる。

4 コンプライアンスを機能させるシステムを整備する

組織のコンプライアンスを有効に機能させるためには、その必要性を組織内に周知するとともに、それを動かすシステムの整備を行う必要がある。具体的には、担当者もしくはメンバーの選定、委員会の設置、体制を維持するための予算や権限の付与等である。これをコンプライアンス体制という。公益通報者保護制度もコンプライアンス体制のなかに含み、なぜこのような体制が必要なのかを明確にしている組織もある。

コンプライアンス体制は、業務標準同様、常に適切に機能しているかどうかをチェックすることが求められる。コンプライアンスが脅かされる状況が生じた際には、すみやかにルールに基づき改善策を講じなければならない。コンプライアンスは、自発的な取り組みとして捉えることが重要である。

なかでも、コンプライアンスが脅かされる事態を知らせる情報が、職員から提供された場合、確実になんらかの対応をとることが必要となる。その際、職員が「自分の報告したことが重視された」と感じられるようなメッセージを職員に発信することが、リスクマネジメントの観点からは重要である。逆に、組織側の対応が不明確であったり改善が見られないと、その職員は今後改善の情報を組織内に報告しなくなる可能性がある。

公益通報者保護制度は、このような組織内部で改善されないことに対し、組織の内部から外部に対して情報が発信されるものに対応する制度であることを認識する必要がある。

●図表6－3　遵守している状態

遵守のルールがある

事実に基づく遵守の記録がある

遵守している

（著者作成）

事業継続のマネジメントに取り組む

1 事業継続計画作成の必要性を理解する

1995（平成7）年の阪神・淡路大震災以降現在までを振り返ると、日本の各地で幾度かの大規模災害が発生した。従来の防災計画等は、災害の発生時の対応を中心として作成されているが、今後、南海トラフ地震の発生等が予測されることなどから、災害発生後の速やかな復旧を想定した計画を策定することの必要性が検討され、事業継続計画の作成が求められるようになった。

福祉サービスの事業継続は、これまでも、社会福祉法人による社会福祉事業に求められる継続性の観点から語られてきた。阪神・淡路大震災の折には、被災地域の福祉施設が大きな被害を受けるなかで、有志の社会福祉法人が施設の利用者の保護はもちろんのこと、近隣の地域住民の保護も積極的に行った。それを教訓とするため、社会福祉法人においても、大規模災害の発生を想定した福祉サービスにおける事業継続計画作成の必要性が検討された。2009（平成21）年3月、全国社会福祉施設経営者協議会（当時）によって、「福祉施設経営における事業継続計画のガイドライン（地震対策編）」が作成された。

福祉サービスには、従来から利用者の安全で安心な生活の継続性を保障することが求められている。災害発生時はもちろんのこと、災害発生後の利用者および地域住民の生活の再建に向けた対応は重要であり、事業継続計画書を策定するうえで重要な視点となる。

2 緊急時の判断基準を明確にし、浸透させる

事前に想定できる災害は、考えられる最善の対応策を講じ、備えておく。しかし、想定を上回る大規模災害等が発生した場合、既存の対応策では間に合わない。そのような状況においても、管理職員は速やかに適切な対応を行い、早急に結果を出さなくてはならない。この際に必要なことは、管理職員は福祉サービスの基本的理念に則り、自ら速やかに判断し、自ら速やかに行動することである。

一方、事故発生時や災害時には、速やかに対応しなければ、被害の拡大が懸念される事態となることもある。管理職員は、現場のリーダーにそのときの状況に応じた判断をさせ、行動させる必要が生じる。管理職員は、日頃からリーダーに組織の緊急時の判断基準を伝え、リーダーがその基準に基づいて判断し、自ら行動するよう伝えておく。

災害発生時に機能する事業継続計画とするためには、災害発生を想定した具体的な備えを明確にする一方で、想定外の事態が生じた際に、的確な判断ができ、的確な行動がとれるように、その判断基準を盛り込んでおく必要がある。管理職員に問われるのは、災害発生時に、どういう判断基準のもとに行動をしたかである。思わしくない結果を招いたときには、この判断基準の良し悪しが、利用者やその家族や職員、また社会から問われることになる。

3 法人・事業所間連携による事業継続計画の備えをする

◉**法人・事業所間連携による事業継続に取り組む**：大規模災害による被害の規模によっては、法人・事業所だけで対応できないこともある。そのようなときは、他法人・事業所に協力を求めて、利用者の生活を守ることも必要である。法人・事業所間連携は、大規模災害時の相互支援を視野に入れ検討するとよい。

昨今は、法人・事業所の所在する市町村などと、災害連携協定を締結するなどの動きも活発化している。法人・事業所間で災害時の支援協定を締結する動きもある。

◉**事前交流により連携先の職員、建物、事業内容を知っておく**：書面上の連携協定だけでは、現場レベルの支援は機能しない場合がある。なぜなら、初めての場所に、初めて訪れた人が効果的に活動できるのは、消防や警察、自衛隊など、その支援活動が行動レベルで標準化されている場合や、医療機関のように、業務が一定レベルで共通している場合である。

福祉サービスの場合、法人・事業所ごとに、サービス提供内容はもとより、サービス提供方法も、備えられている備品もまちまちで、初めて他の福祉職場に行っても、何をどうしていいかわからないことがある。それを防ぐためには、日頃から連携関係にある福祉職場同士が積極的に相互交流するなどして、お互いに職場の立地している地域の状況を知り、法人・事業所等の構造を知り、相手の職員の顔を知っておく必要がある。災害時の法人・事業所間連携は、そのような平時の交流によって、より有効に機能する。

◉**近隣の連携と遠方の連携を組み合わせる**：2011（平成23）年3月に発生した東日本大震災のような、広範囲に及ぶ大規模災害が起こった場合、近隣の福祉法人・事業所も同時に被災するため、それぞれの法人・事業所が集まって共同で利用者を守ること、さらに被災地域外の法人・事業所と連携をとり、遠隔地からの支援を必要とする場合もある。近隣の福祉法人・事業所との連携と同時に、遠隔地の福祉法人・事業所との連携も視野に入れ、事業継続計画を構築しておくことも必要である。

4 地域住民の安全・安心の確保に貢献する

事業継続計画は、もともと企業がなんらかの理由で被災した際に、事業を中断せずにすむか、もしくは中断したとしても、短期間で復旧し、顧客の流出やマーケットシェア低下による経営の悪化から企業を守るための経営戦略として登場した概念である。そのために、ソフトウエアやハードウエアのバックアップシステムの確保を図るなど、組織防衛からその検討がスタートしている。

福祉サービス事業所は、組織防衛を目的として、福祉サービスのリスクマネジメントシステムや事業継続計画を作成するわけではない。全国社会福祉法人経営者協議会が作成した『社会福祉法人アクションプラン2020』によると、社会福祉法人の事業継続計画作成の必要性は、利用者に対する基本姿勢に基づく行動指針の表した「生活環境・利用環境の向上」の項で指摘されている。さらに、災害支援への協力や、法人・事業所が福祉避難所として機能するためにも、事業を継続する必要がある。

福祉サービスは、その提供を直接的な利用者のみならず、いまや広く地域住民の安全・安心の確保を目指すためにも必要とされている。そのような視点で福祉サービスの事業継続計画を整備していくことが求められている。福祉サービスは、公益的サービスであることを忘れてはならない。

前巻までのポイント

リスクマネジメント

以下の内容は、『福祉職員キャリアパス対応生涯研修課程テキスト』〔初任者・中堅職員・チームリーダー編〕の第6章をまとめたものです。

1 福祉サービスのリスクマネジメントの根拠となる概念を知る【初任者・中堅職員編・第6章第1節】

■社会福祉法

①第1条：「目的」利用者の保護・良質かつ適切なサービス提供

②第3条：「基本理念」個人の尊厳の保持・良質かつ適切なサービス提供

③第5条：「サービス提供の原則」利用者の意向の尊重・関連するサービスとの有機的な連携

■厚生労働省「福祉サービスにおける危機管理（リスクマネジメント）に関する取組指針」2002（平成14）年（原文の一部を著者が改変）

①事故を起こさないようにするあまり極端に管理的になりすぎ、サービスの提供が事業者側の都合で行われるならば、福祉サービスの基本理念に逆行する。　②「自由」か「安全」かという二者択一ではなく、福祉サービスでは事故を完全に未然防止するのは困難ととらえる。

〔参考〕

■全国社会福祉法人経営者協議会「社会福祉法人・福祉施設におけるリスクマネジメントの基本的視点」8つのポイント　2002（平成14）年作成、2016（平成28）年改訂

①一人の悩みから施設の工夫へ　②トップのリードで盛り上げる　③みんなをまとめる組織づくり　④マニュアルで基本を決める　⑤「危険に気づく」がキーワード　⑥起きてしまった事故は対策のカギ　⑦記録でわかる施設の姿勢　⑧利用者の声は施設の宝　（まとめ）理解しよう利用者の心と体

2 リスクマネジメントは、プロセス指向、重点指向で取り組む。【チームリーダー編・第6章第1節】

■福祉サービスは、職員が自らの感覚でサービスを提供するのではなく、組織の誰もが、組織が定めた「よい方法」にそって、サービスを提供する。その「よい方法」は、業務手順書として可視化する必要がある。

■サービスの質の確保と向上に取り組む際には、問題が生じやすい重要度の高いものから優先的に取り組む。これを重点指向という。

3 サービス内容は、業務手順書と記録によって説明と証明ができる【初任者編・第6章第5節】

■家族にとって安心なサービスとは、事故などが発生した際に業務手順書や記録をもとに事実の説明が受けられること。

■職員にとって安心なサービスとは、職場に使いこなせる業務手順書が整備されており、記録が適切になされ、適切に保管されていること。

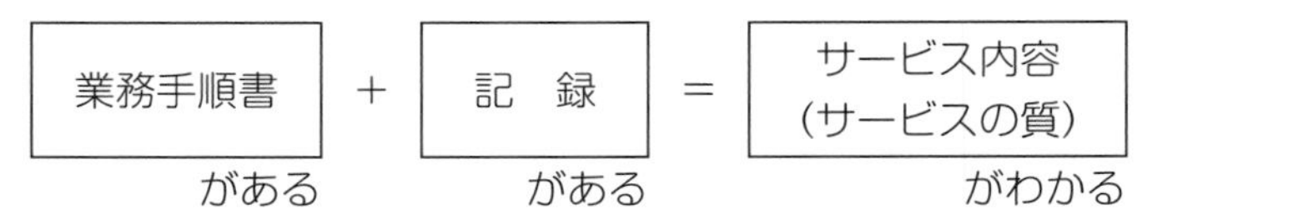

（著者作成）

4 リスクマネジメントは、継続的な改善の取り組みである【チームリーダー編・第6章第1節】

■作成された業務手順書は、実際に実行し（Do）、業務標準（Standard）通り行えたか評価し（Check）、それを改善する（Act）。これをSDCAサイクルという。

■SDCAサイクルの業務を続けていくうち、事故・過誤、苦情の発生や、環境の変化などで業務標準を改善する必要が生じることがある。改善された業務標準（Plan）を、新たに実行し（Do）、定期的に評価し（Check）、継続してさらに業務標準に改善を加える（Act）ことにより、より質のよい、業務標準ができあがる。この継続的改善の方法を、PDCAサイクルという。

5 福祉サービスとコンプライアンス【チームリーダー編・第6章第4節】

■利用者に対するコンプライアンス

①かつて、モノやサービスはその良し悪しが質の基準だった。今やよいのは当たり前で、使いやすいか使いにくいかが質の基準となる。顧客満足のサービスとは、よくて、使いやすいもののことをさす。社会福祉法第5条に規定する、利用者の意向にそったサービスとは、この顧客満足の質と同義と捉える必要がある。

■職員に対するコンプライアンス

①近年では、業務の高度化などの理由により、ストレスを抱え込む職員が多く、離職につながるなどの弊害がみられる。感情労働である福祉の現場では、自らの感情と、職業人として求められる感情とのギャップに苦しむケースもみられる。事業所による労働法規違反は、しばしば社会問題ともなる。適切な労務管理は、職員に対するコンプライアンスの取り組みとして、喫緊の課題である。

■リスクマネジメントとコンプライアンス

①高齢者医療分野で実施されている胃ろう増設は、本人の意思が確認できないまま実施されているとすれば、尊厳が損なわれる好ましくない状態ではないかとの指摘もある。社会環境の変化により、価値観も変化する。これまで何の疑いも持たずに行われていたことに対し、時としてその是非を確認する姿勢を福祉サービスに従事する者は持つ必要がある。

②同様に、法や基準はそれが施行されるまでに相当の時間を要するので、今のニーズには間に合っていないこともある。コンプライアンスを単に現行法などの法令遵守として捉えてしまうと、真のニーズを見落とす危険性もある。昨今示されるようになった共生型サービスも、従来の縦割りの仕組みの中にはない実践の中から生まれてきた。我々には現場が何を必要としているか、常に関心をもって見つめていく視点と姿勢が求められる。

6 事業継続の仕組みづくりの視点と方法【チームリーダー編・第6章第5節】

■社会福祉事業の事業継続の視点は、利用者の生活を継続して守り続けることである。そのために、事故や災害が発生した際には、支援を行うために必要な人員を確保できるよう、日頃から職員の生活状況に関心を寄せ、実際に出勤できる人員の把握を行わなければならない。

■日頃使用しない機器類は、実際の災害時には使えない可能性が高い。日頃から使い慣れておくことは重要である。

■緊急時のチームとしての対応は、日頃からの十分な訓練があってこそ有効に機能する。災害等発生時には、現場対応と組織として実施する外部対応は、日頃から緊急時訓練を行うなどして、速やかに実施できるようにしておく必要がある。

■現場で確認できた悪い情報は、組織のトップに速やかに伝わる仕組みもあわせてつくっておくことが重要である。

ティータイム

根拠を明確に

管理職員には、判断と行動、その結果としての成果が求められる。「確実に行った」「誠実に実施している」「一生懸命している」などのあいまいな言葉が通用しない、具体的に示すことができる成果が求められている。各節のタイトルが、具体的な実践となっていることに留意してほしい。

➡ 一方で、その成果とは、単なる結果の良し悪しではなく、何を根拠としたかも問われる。根拠を、職員に、そして社会に示すことができるよう、学習に励んでいただきたい。

➡ 社会システムが高度化し、複雑になってきている。リスクマネジメントの概念も、事業継続の概念も、コンプライアンスの概念も、営利組織の経営手法として生まれてきた。一方、福祉事業に携わるものが同じような概念を用いても、福祉サービスには福祉サービスの固有の視点がある。そのことを明確に認識してほしい。

➡ 管理職員は、自ら行動するとともに、組織としてチームを率いて行動する。その際には、メンバーに対し、目的や目標を明確に示すとともに、そこに至る道すじも明らかにする必要がある。しかし、そのためには根拠が明確になっていなくてはならない。

➡ 「初任者編」から「管理職員編」までは、まず知ること（初任者編)、次に理解すること（中堅職員編、チームリーダー編)、それらをもとに実践すること（管理職員編）という流れで記述している。それぞれの巻も、あわせて読まれることをお勧めしたい。

〈リスクマネジメントを学ぶうえで参考となる図書〉

・野口和彦『JSQC選書8　リスクマネジメント』日本規格協会、2009年

社会が便利になり、業務が複雑で高度化するなかで、リスクマネジメントの概念が変わりつつある。現在のリスクマネジメントの定義は、意思決定とされている。民間のリスクマネジメントの概念を知るうえで貴重な1冊であるとともに、われわれの組織経営にも生かせる視点が多々ある。

・中條武志『JSQC選書11　人に起因するトラブル・事故の未然防止とRCA』日本規格協会、2010年

RCA分析は、起こった事故を分析することにより、未然防止活動の不十分さをカバーする意義がある。その方法を詳しく解説している。医療機関をはじめとする福祉サービス提供現場でも普遍的に実施できるRCA分析の基本的な概念を学ぶことができる。

・畑村洋太郎『「想定外」を想定せよ！』NHK出版、2011年

ルール化できるのは想定内であり、想定外に対する意識をもつことが事故や失敗を防ぐためには重要であることを指摘している。本質安全と制御安全の考え方など、福祉事業に携わるものがリスクマネジメントシステムを構築するうえで、認識しておかなければならない概念も紹介されている。

・小林忍『航空機事故に学ぶ』講談社、2012年

技術革新が進行した現在は、さまざまな分野で、人間の認識の限界を超えた、細分化された高度なシステムが存在することによる事故が発生していることを指摘し、畑村氏同様、全体を見ることの重要性を指摘している。「予兆のない事故はない」「技術は進歩しているが人間は基本的に進化していない」という指摘にはハッとさせられる。

・アトゥール・ガワンデ著、吉田竜訳『アナタはなぜチェックリストを使わないのか？』晋遊舎、2011年

ジャーナリストであり、医師である著者が、医療業界のみならず、航空、建築、料理などさまざまな分野を調査するなかで、普遍的な事故防止の有効な方法はチェックリストであることを突き止めた経緯が記されている。その方法論は、WHOの安全な手術のチェックリストづくりとして、全世界に広く知らされた。

第7章

チームアプローチと多職種連携・地域協働

チームアプローチ・多職種連携の管理と地域協働の推進

目標

◉職場に代表されるチームは時とともに変化する。その変化は必ずしもよい方向への変化だけではなく、悪い方向への変化も含まれる。チームの活力を維持し、発展させていくためには、適切な管理が必要となる。

◉そのひとつがチームのメンテナンスである。チームのメンテナンスは、チームという集団の活動を維持し、補修して強化していく機能といえる。多職種であるがゆえにチームではさまざまな葛藤や対立が生じる。また、チームが成熟することそれ自体は正しい道筋であるが、意図的かつ継続的にチームに刺激を与えないとマンネリに陥る危険を常に有している。

◉第7章ではチームの活力を維持し、さらに高めるための管理職員の役割を学ぶ。

◉法人・事業所は、地域福祉を推進する役割を担っている。第7章では、あわせて、法人・事業所における地域福祉推進の役割を概観しながら、多職種あるいは地域住民などインフォーマルな人々とも連携・協働する地域福祉計画、地域福祉活動計画づくりにおける役割についても学ぶ。

構成

1 チームアプローチにおける管理職員の役割

1 チームの種類に応じてマネジメントを行う

チームには、組織として固定的に設定されたチームと期限が区切られたチームの２種類がある。前者は、法人・事業所といった組織全体、あるいは総務部門や管理部門などの組織の一部門が代表である。後者は、プロジェクトチームを思い浮かべればわかりやすい。組織内部に設けられるリスクマネジメント委員会、業務改善チームなどである。

◉**チームマネジメント**：2つのチームごとにそれぞれ特徴が異なり、管理職員はそれに応じたチームマネジメントを行う必要がある。

　チームアプローチにおける管理職員の役割は、このチームマネジメントであるが、具体的には、多職種がメンバーとなるチームにおいて、連携・協働の活動を適切に管理し、維持し、発展させることである。ただ、チームマネジメントのあり方は、固定的チームか、あるいは期限が区切られたチームかによって異なる。以下、それぞれについて見てみよう。

2 チーム形成のための管理職員に求められる能力

チームの目的・目標・業務遂行の方針を明確に示さなければならない。そのため、どのようなチームを編成し、どのような人材を求めるのかについて、見通しと判断が求められる。そのうえで、業務の遂行はチームメンバーを信頼し、まかせるということが大切である。さらに、チームの業務内容に対する責任をしっかりと取るということも不可欠である。この、業務の結果責任を管理職が取るということで、チームメンバーは安心して業務を遂行できるのである。

3 固定的チームにおけるマネジメントを理解する

管理職員は固定的チームである法人・事業所、あるいは総務部門、管理部門など部門を束ねる立場に立つ。それぞれの部門においては、共通の理念や目標のもとに多職種が連携・協働している。

法人・事業所は法制度に基づく事業の枠組みや内容など、長期的に固定化されたなかで業務を行うことになり、ある意味で安定的な状況に思えるが、それをチームとして見た場合は必ずしもそうではない。多職種間での衝突や軋轢、階層間での対立や争い、また、法人・事業所内で広がる業務への慣れからの失敗や事故、いわゆるマンネリによる弊害が表れてくる。チームである職場は、時とともに変化し、停滞したり、衰退に陥ったりする場合もあるのである。

このため、常にメンバー間で目標を確認し、そこに到達するためにチームを維持・発展させる意図的な働きかけが必要になる。具体的には、チームのメンテナンス、多職種連携・協働の環境整備、人的資源・知的資源の管理があげられる（図表７－１参照）。

4 期限が区切られたチームにおけるマネジメントを理解する

新たにプロジェクトを立ち上げるなど期限が区切られたチームの場合、固定的チームとは異なるマネジメントが管理職員には要求される。以下、新規施設・事業所立ち上げのためのプロジェクトチームを例にとって考えてみよう。

プロジェクトチームが検討すべき事項としては**図表７－２**のようなものが想定される。

ここで示された理念と目標は、法人・事業所の理念と目標を土台とした、プロジェクトチームそれ自体の理念と目標である。そもそもチームがどんな目的をもっているのか、何を実現したいかを明確にしたものであり、この理念と目標が常にチームメンバーをまとめ、リードしていくことになる。

◉**目標の共有、合意形成：**チームの形成期において、管理職員はリーダー、メンバーを選定することになるが、さまざまな価値観をもったメンバーの間では、この時期の理念や目標の共有が大切になる。

はじめはギクシャクしていたチームも、さまざまなコミュニケーションややり取りを通じて、しだいになじんでくるが、時には対立や衝突も起こる。いわゆる葛藤の状態である。管理職員としては必要に応じて介入したり、見守ったりを繰り返しながら、チームの強化を図る。チームリーダーを中心に話し合いをもち、チームのルールづくりはもとより、取り組む課題やスケジュールなどの合意形成が図られる。

◉**メンバー選定：**管理職員は必要なスキルに見合った人を割り当てていくが、メンバーに必要なスキルをもつ者がいない場合、あるいは、業務量に見合う人員が不足する場合、メンバーの追加投入を上部組織と交渉するなど、チーム活動の環境調整が大きな役割となる。チームの安定期には、その維持・発展へと、固定的チームと同様の役割を果たすことになるのである。

●図表７－１　固定的チームにおけるマネジメントの課題

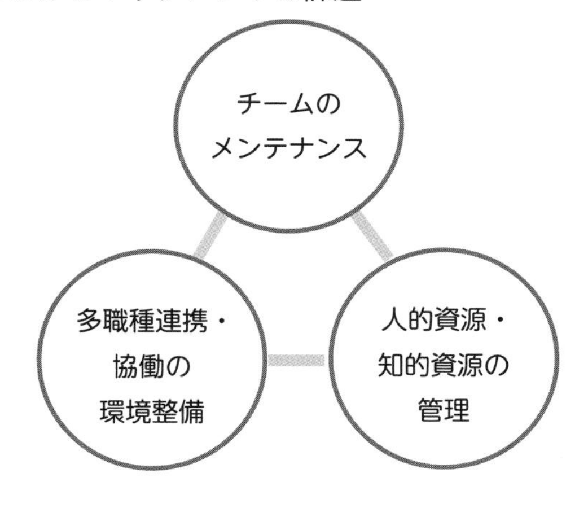

（著者作成）

●図表７－２　新施設立ち上げプロジェクトチームが検討すべき事項

- 理念と目標の設定
- 新施設の構想
- 投入資源（ヒト・モノ・カネ）の計画
- 進捗状況管理
- 事業課題の設定
- スケジュールの設定
- プロジェクトチームのルール設定

（著者作成）

チームをメンテナンスする

1 チームのメンテナンス機能の必要性を理解する

メンテナンス機能とは、チームという集団の活動を維持し、補修して強化していく機能である。チームの機能を維持することの前提にあるのは、チームのメンバーが共通の目標や方針に基づいて、同じ方向に向かって、目標に到達する体制を整えることである。さまざまな職種や階層が同時に業務を遂行する法人・事業所の多職種チームにおいては、メンバーが目標を共有して連携・協働することで、各専門職のもつ特性以上の相乗効果が発揮される。

しかし、多職種であることから、チームではさまざまな葛藤や対立が生じてくる。また、個々の専門職においても、専門性の限界に直面するなどさまざまな課題が生じてくるだろう。チームの活動を維持・発展させるためには、こうしたさまざまな課題や問題に適切に対応するためチームのメンテナンスが欠かせない。

チームの機能を維持するための条件として**図表7－3**のことが考えられる。

2 職場（チーム）のマンネリを打破する

職場（チーム）は、ある程度実績を積み成熟してくると、日常の課題はもとより、それより大きな課題に直面した場合でも、過去の経験や蓄積に基づく対処法、制度やルール、役割分担などにより、より効率的に対応できるようになる。いわゆるルーティン化するのである。しだいに、職場では仕事上の工夫がなくなり、前例踏襲、自動反復、形式主義、思考放棄、リスク回避傾向などが現れてくるなど、職場の活性度が失われていく。

こうしたマンネリの状況を打破し、職場を再活性化するため、管理職員は、目標の再設定、メンバーの再配置、事業の再設計などを行うことになる。

まず、職場において、メンバーである職員の参加を得てあらためて課題を明確にし、部門目標を再設定してチーム活性化に取りかかる。さらに、職員のスキルや現在の動機などを勘案し、人事異動による職員の再配置を行って人的資源の最適化を行う。さらに、目標を達成するための中期計画（事業改善計画など）を策定し、それを具体的に実行する年次計画に反映させていくことになる。

3 新たな目標を設定する

職場（チーム）の活動は、意図的に刺激を加えないとマンネリ化する。職場という固定的チームではその恐れが強く、新たな目標の設定がひとつの刺激になる。長いスパンであれば、途中で中間評価を行い、その目標の再度見直しをすることも考えられる。要は、目標を設定し、それに基づく事業の開始、終了、場合によっては途中の評価といったメリハリをつけることが必要になる。こうした目標を共有し、職員間で責任を引き受け合う（コミットメントする）ことが重要となる。新たな目標の達成のため、メンバーの交代などチームの新陳代謝を行いながら、あらためてチームづくりをやり直していくこととなる。

4 知識をメンテナンスする

福祉サービスは、人員配置・業務内容が、法律や通知などによる各種基準により定められている。このため、大幅な職員交代は現実的ではない。実際に、職場への適応や仕事の習熟度も高まっていて、しかも利用者やその家族との信頼関係や、他の職員との連携度合いも深まっているなかで、職場の活性度が低下しているからといって、チームを解体し、貴重な人材をバラバラに再配置するというのは困難である。

職場（チーム）の成長や活力が低下している場合、あるいはチーム活動がマンネリ化している場合、未知なる事業に挑戦するなど、外的な刺激を与えないと、停滞または衰退してしまう。前述のように新しい人材の入れ替えは限られた範囲でしか行えないという制約が現実問題としてあるため、ナレッジ・マネジメントや知識のリニューアルを行い、チームの目標を再設定する取り組みが重要である。そのためには管理職員自身も自己改革することが求められる。

◉**ナレッジ・マネジメント：**職員個人あるいは職場というチームが培ったノウハウは貴重な財産であり、これらをみんなで共有し、活用するナレッジ・マネジメントを行うことが、チームの活性化にもつながる。

職種はもちろん職場の範囲を超えて、みんなで知識や技術を共有し、知恵を出し合えば、これまでにない質の高いサービスにもつながり、それが利用者の満足にもつながる。こうしたナレッジ・マネジメントにより新たな知恵がつくりだされ、効率的・効果的な業務プロセスが構築されるのである。

◉**知識のリニューアル：**なお、知識も新陳代謝が激しく、メンテナンスを怠ると短期間に陳腐化してしまう。組織やチームが現場の知識を積み重ね、日常の実践活動のノウハウを常にストックし、古いものと入れ替えを行う知識のリニューアルを継続することも、組織・チームの活性化につながるといえるだろう。

●図表7－3　チーム機能を維持するための条件

- チームとしての目標が明確であること
- 目標に基づいて構成メンバーの専門性に基づく役割が明確であること
- チームリーダーを決定し、役割と権限を明確にすること
- メンバーは役割に基づく責任を果たせていること
- チーム内でのコミュニケーションの方法が確立され、情報が共有化されていること
- メンバーの専門性に基づいて率直で多様な意見が言えること
- 意見上の対立があっても、整理、統合に向けての話し合いの場が機能すること
- メンバー間の相互支援が容易にできる体制であること
- 他のメンバーやチーム全体の現状を理解すること
- メンバー個々の不安や課題を話し、解消できること

（重岡修著、横山正博編著『ソーシャルワーカーのためのチームアプローチ論』ふくろう出版、2010年、102頁より一部改変）

利用者中心のサービスが展開できる多職種連携・協働の基盤を整備する

1 サービス目標を策定し、共有する

第7章では対人援助サービスがチームによって行われることを確認してきた。

各職員がその視点をもって取り組み、職種が異なる職員間のチームワークをよりよくしていくために組織全体で啓発や研修などを充実させるべきだといえよう。

そして、何よりも組織の基本的な理念と職員の行動指針ともいうべきサービス目標を、利用者に具体的に提示し共有する必要がある。管理職員は、チームを構成する全ての職員が利用者中心のサービス提供を進めるという基本姿勢を、徹底させていかなければならない。

2 役割分担を明確化する

職階の分担や指示命令系統などは明確にしていることと思う。しかし、専門職間のチームにおいて役割が明確化されていないと、チームワークが停滞する原因となりうる。このため各専門職のリーダーを交えた話し合いが必要である。その際、全体を統括する管理職員が同席し、客観的な立場で臨む必要がある。

各専門職は、それぞれの背景となる基礎学問が異なるため、ときには専門職間で見解の相違が生じたり、互いの連携が困難な事態も生じたりする。風通しのよい雰囲気を意図的につくり、専門職間のコーディネート役の職員を職員全体に周知する形で配置し、「機能的」な職場づくりを行うことが管理職員の大きな役割といえる。

3 日々の問題・課題解決を学習に結び付ける

多くの職種が関わるなかで福祉サービスを適切に行うためには、職員一人ひとりが研鑽して自己のスキルアップに努めなければならないことはいうまでもない。しかし、忙しい業務の合間を縫って頻繁に外部研修に参加することは容易ではない。一方で、チームには、アドバイスしてくれる上司や先輩職員などがおり、毎日活動する職場（チーム）ほど学習に適した組織はないともいえる。したがって、持続的に成長できるチームであるためには、職場における日々の問題・課題解決という経験を学習に結びつけるOJT（On the Job Training）が重要である。管理職員は、職場内で職員教育を行っていくという強い意識を持つとともに、そのことを全職員に周知していくべきである。

チームでの体験を通じ、それを振り返り、メンバーの話し合いのなかでその体験や振り返りを多面的に捉え、「なぜそうなったのか」「なぜそう感じたのか」を意味づけ、行動原理や教訓などを導き出し、次の体験に生かせる学習サイクルを組み立てることが肝要である。

4 職種によって異なる視点、言語を統一する

各専門職は利用者に対するそれぞれ固有の視点と、専門用語をもつ。職場（チーム）内でこれらは共有されなければならない。専門職間のコミュニケーションがスムーズに行われるよう配慮すべきである。また、その責任が組織の統括者である管理職員にあるものと心得たい。

図表7－4で使われている「シームレス」という用語は、「つなぎ目のない」という意味で使う。

異なる領域で連携しながら福祉サービスを行うなか、その領域の境界で断絶が生じてうまくケアが連動していない状況があった場合、そのつなぎ目をなくすひとつの工夫が、多職種のなかで共通の用語（互いに理解できる言葉への配慮）への言語の統一である。特に、ここで例として掲載した**図表７－４**は医療と介護等の連携であるが、分野によってその他の関係性がある。

上段は、福祉サービスに直接関わるスタッフ、下段は、利用者支援にともなう地域支援の関係者と利用者に関わる福祉・権利擁護の関係者である。児童、障害、高齢等の各福祉サービスの領域によって専門職や地域支援、福祉・権利擁護の若干の違いはあるものの基本は同じと考えてよい。職場内の支援にとどまらず、職場外も含めた支援体制づくりを組織として行っていかなければならない。

5 報告・連絡・相談（「ホウ・レン・ソウ」）の仕組みをつくる

「ホウ・レン・ソウ」の必要性は多くの研修の場や、職場内においても繰り返し伝えられている。だが実際は、職場内では「ホウ・レン・ソウ」が徹底されているとはいえない場合が多い。管理職員の立場で振り返ったときに「なぜ徹底されないのか？」と悩む人も多いのではないだろうか。それは、職場内での仕組みづくりが不十分であったり、「ホウ・レン・ソウ」がスムーズに行える環境が整備されていなかったりするからである。

管理職員は、「ホウ・レン・ソウ」の重要性を職場に周知し、実施を徹底できる仕組みづくりの役割を担っていることを理解されたい。

6 正しい記録方法を徹底する

記録が正しく書かれているかどうかは、利用者支援を進めるうえで大変に重要な要素である。

各職員の記録をチェックし、記録の仕方を徹底することが必要である。他の職種にもわかる、あるいは説明できる、つまり根拠をあわせて記載した記録づくりが必要である。多職種連携・協働といった視点から記録について、いま一度点検したいものである。

●図表７－４　医療と介護等の連携

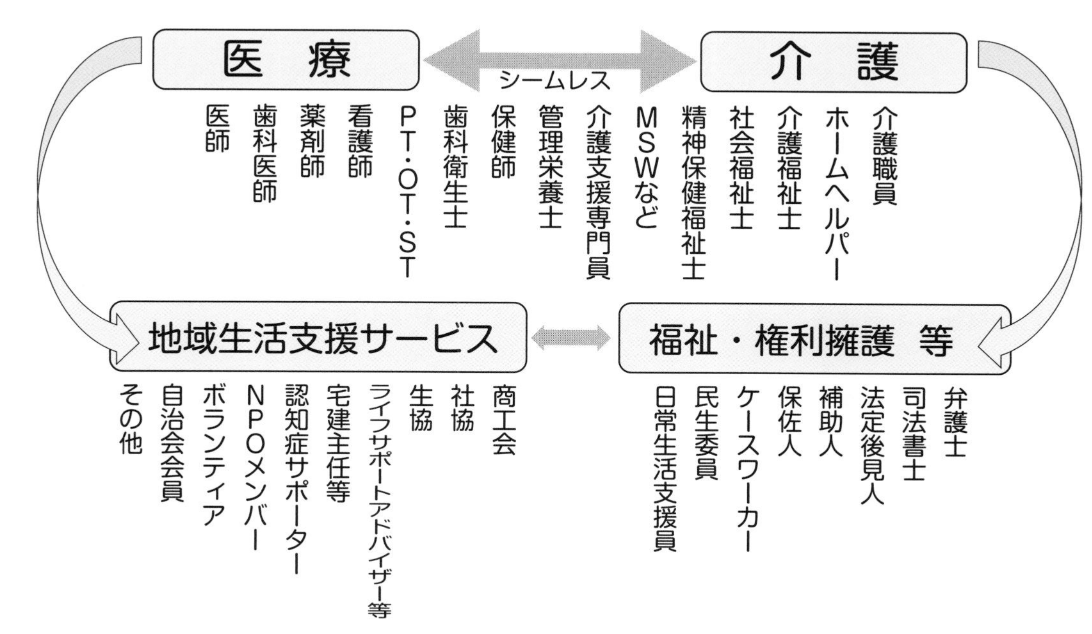

（著者作成）

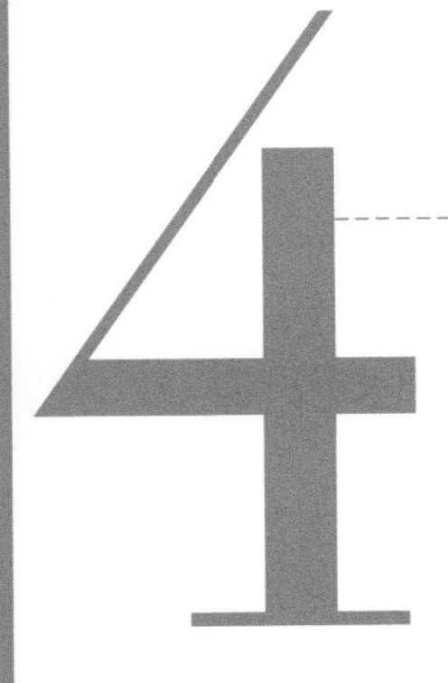

地域福祉の一翼を担う

1 地域の重要な社会資源としての認識を深める

社会福祉法人は高い公共性を有することから、税制上の優遇措置など公的な助成が行われている。また、社会福祉法人は組織運営や事業に参加する住民やボランティアの協力を得やすい特性がある。これらのことから、社会福祉法人は地域福祉の一翼を担っており、地域貢献・社会貢献の役割がますます重要視されている。地域の特性、法人・事業所の有する人材、設備、機能、ネットワークといった資源を十分踏まえ、どのような地域貢献・社会貢献を担えるかを模索すべきである。

社会福祉法人の公益性・非営利性を踏まえ、2016（平成28）年の社会福祉法改正によって、法人の本旨から導かれる本来の役割を明確化するために「地域における公益的な取組」の実施に関する責務規定が創設された。

社会福祉法

（経営の原則等）

第24条第２項　社会福祉法人は、社会福祉事業及び第26条第１項に規定する公益事業を行うに当たっては、日常生活又は社会生活上の支援を必要とする者に対して、無料又は低額な料金で、福祉サービスを積極的に提供するよう努めなければならない。

2 取り組むべき地域福祉課題を理解する

今日、人々が地域で生活するために、社会的排除のない社会、つまりインクルーシブな社会（社会的包摂）の構築が課題とされている。この「社会的排除」が福祉課題そのものとなっているが、人と人との関係が希薄化し、無縁化社会ともいわれる時代にあって、最悪の場合、自殺や孤立死、孤独死などにつながることから、社会問題として取り上げられてきたのである。

社会的包摂の課題は、大きな社会問題であると同時に、福祉的課題が多く含まれており、個別的対応や縦割りでの手法では解決には至るものではないことが特徴である。

このため、社会福祉関係者は、今後、社会保障制度や社会福祉制度を強化しつつ、既存の制度では十分に対応できないニーズに、地域のあらゆる組織・個人と協働して取り組むことが求められている（図表７－５参照）。

《社会福祉法人等が重点的に取り組むべき課題》

◉**制度で対応しにくいニーズに柔軟に応える活動の展開**：制度内の福祉サービスでは対応しにくい新たな福祉・生活課題についても、柔軟な運用により解決を図る。

◉**地域のネットワークを組織化した支援の仕組みづくり**：専門職のみでは解決しないニーズへの取り組みを重視し、住民・ボランティアや他の組織と連携し、組織のもつ資源（専門性、拠点、ネットワーク等）を生かしながら問題解決に挑戦する。

◉**分野を問わない相談・支援体制づくり**：地域の実情に見合った総合的な相談・支援を行うべく、市区町村単位での窓口の設置が不可欠となる。総合的な窓口あるいは各分野間の連携が求められる。これにより包括的な相談・支援の仕組みづくりを進める。

◉**制度改革の働きかけ**：上記の取り組みを通して制度改革を働きかける。

3 地域福祉を推進していくうえでの法人・事業所の方針を決定する

各法人・事業所は、それぞれが地域福祉を推進していく役割を担っていることを自覚し、法人・事業所として、地域福祉にどのように関わっていくかその方針を決定することが必要である。法人・事業所における目標が明確化されたならば、次のテーマとして、地域福祉を推進する具体策を法人・事業所の事業計画として、あるいは短期・中期目標として策定しておきたい。同時に、所属する職員全体にその意味と各職員の担うところを具体的に示すことにより、それぞれの部署もしくは職員個別の役割も具体化しておくことが肝要である。

福祉ニーズがますます複雑化・多様化していくなか、社会福祉法人が中核となって、地域の法人と連携・協働していく取り組みも進んでいる。

多くの都道府県では、都道府県域の複数法人間連携によって、居場所づくりや総合相談、生活困窮者支援等が進められ、厚生労働省においては、「小規模法人のネットワーク化による共同推進事業」も行われている。さらに、2020（令和2）年の社会福祉法改正では、社会福祉法人を中核とする「社会福祉連携推進法人」も創設されたところであり、こうした動きも踏まえた展開が求められる。

●図表7－5　地域における個別の支援と地域の福祉活動の運営のためのネットワーク

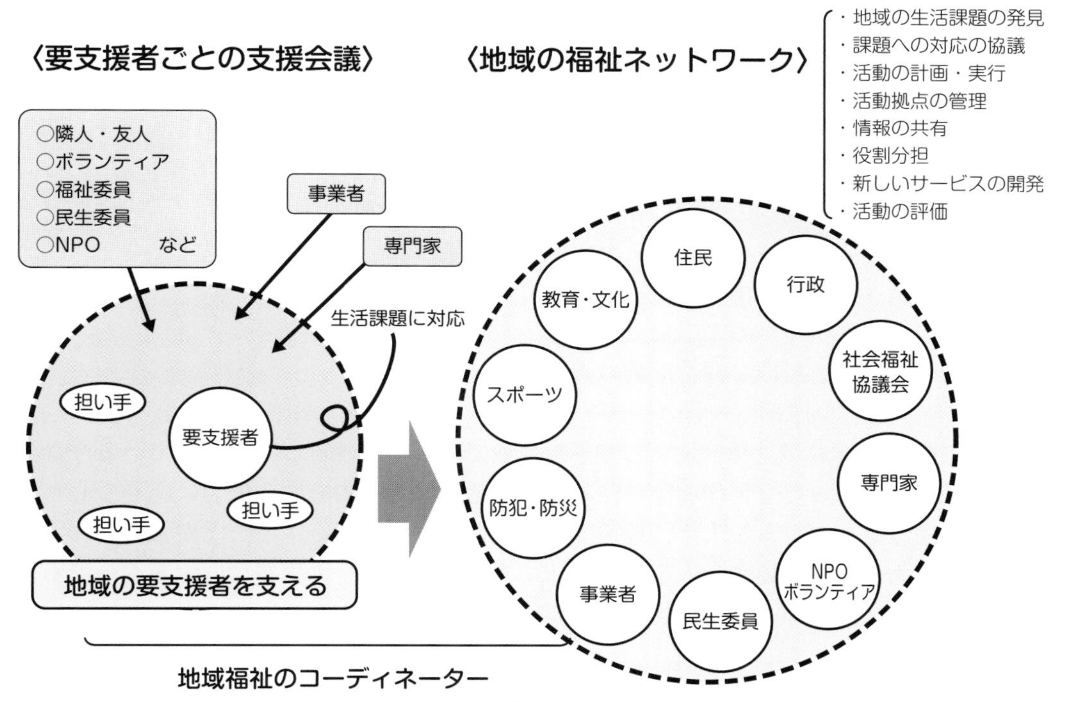

（厚生労働省「これからの地域福祉のあり方に関する研究会報告書」2008年より抜粋）

地域福祉の計画づくりに参画する

1 市町村地域福祉計画の策定に参画する

市町村は社会福祉法第107条において「市町村地域福祉計画」を策定することになっており、その際、地域住民や、社会福祉事業者等の意見を聞くなどの措置を講じるとともに、その内容を公表しなければならない旨が定められている。

市町村地域福祉計画に最低限盛り込むべき事項は、法律上、①地域における福祉サービスの適切な利用の推進に関する事項、②地域における社会福祉を目的とする事業の健全な発達に関する事項、③地域福祉に関する活動への住民の参加の促進に関する事項が掲げられており、その例として示されているのが下記である。

①地域における福祉サービスの適切な利用の推進に関する事項
- 福祉サービスの利用に関する情報の入手、相談体制の確保に関すること
- 福祉サービス利用援助事業や苦情対応窓口を活用するための関連機関への紹介等に関すること

②地域における社会福祉を目的とする事業の健全な発達に関する事項
- 制度的なサービスとインフォーマルな活動が地域で連携するうえでのシステムづくり
- 社会福祉事業において提供される福祉サービスの目標量
- 福祉サービスの目標量を達成するための具体的方策
- 在宅福祉サービスの供給拠点を整備する場合の適正配置に関すること
- 社会福祉を目的とする事業の振興策

③地域福祉に関する活動への住民の参加の促進に関する事項
- 活動に関し必要な情報を入手するための支援方策
- 必要な知識・技術を習得するための支援方策
- 活動拠点を確保するための方策
- 障害者等の当事者組織が行う活動の支援方策

高齢者に限らず誰もが、長年生活してきた地域で暮らし続けることを望んでいる今日、介護や支援が必要な状態になっても可能な限り住み慣れた地域で、その有する能力に応じ安心して自立した日常生活を送ることができるよう、地域全体で支える体制を構築することが求められている。

地域福祉計画は支援を要する人を地域全体で支える社会福祉の構築に資するものであり、法人・事業所も積極的に計画づくりに参加する必要がある。

2 地域福祉活動計画の策定に参画する

市町村地域福祉計画が、地域福祉を総合的かつ計画的に推進するための行政計画であるのに対し、地域福祉活動計画は、地域住民や福祉活動を行う団体等が「地域福祉の担い手」として主体的に策定する民間の活動・行動計画として位置づけられる。地域福祉の推進は、住民自身が地域の福祉課題を共有化し、その解決を自ら考える取り組みを展開することが必要不可欠である。

地域福祉活動計画は民間活動相互の協働計画としての性格を有することから、法人・事業所は、市区町村における地域福祉推進の中核的団体である市区町村社会福祉協議会と協働して、地域福祉活動計画づくりを行うことが求められる。

3 計画づくりの手順と留意点を理解する

◉**計画づくりの手順**：一般的な計画過程は、計画を構想する段階、実施の段階、達成度の評価の段階が、フィードバックされながら、さらには解決難易度の高い段階の問題に統合されていくものである。簡単にいうと、「計画 = PLAN」、「実践 = DO」、「評価 = CHECK」、「改善 = ACT」というPDCAサイクルであるといわれている。

計画づくりの過程は「事前の検討過程」と「計画化」に大別でき、とりわけ「事前の検討過程」（現状把握と課題整理）は、計画そのものを左右するというほど重要な要素となっている。また、計画には、当然のこととして「誰が」「何を」「何のために（誰のために）」「どこで」「どう」「いつまでに」「どのくらいの予算で」「どの程度」が盛り込まれることになる。

◉**計画づくりを住民福祉活動として捉え、住民参加に取り組む**：これからの地域福祉活動計画づくりは、計画策定のプロセスを住民参加・協働で行うところに大きな特徴がある。その意味で、「計画づくり」は住民参加による福祉活動そのものといえる。法人・事業所は、住民の福祉活動の推進・支援の役割をもつ市区町村社会福祉協議会と連携・協働し、地域の福祉課題の把握・明確化、課題解決のための計画の策定・実施・評価への参画や、そうした一連の過程における住民参加の支援に取り組むことが重要である。

●図表7－6　地域福祉活動計画策定と住民参加の支援

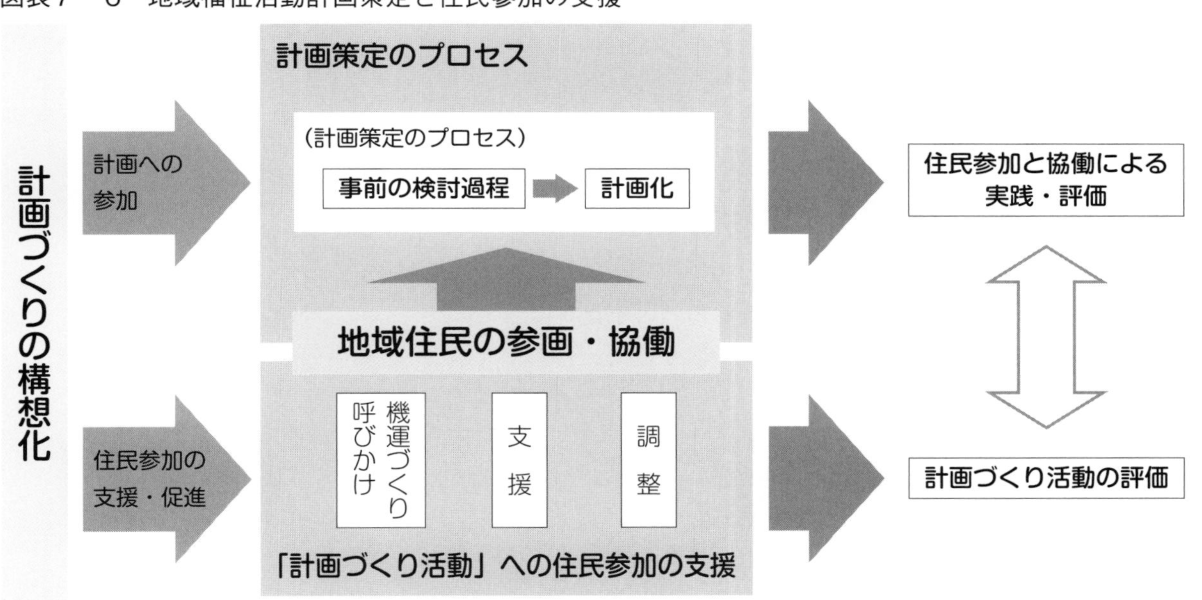

（全国社会福祉協議会「地域福祉活動計画策定指針」2003年より抜粋）

前巻までのポイント

チームアプローチと多職種連携・地域協働

以下の内容は、『福祉職員キャリアパス対応生涯研修課程テキスト』〔初任者・中堅職員・チームリーダー編〕の第7章をまとめたものです。

1 チームアプローチの効果【初任者編・第7章第1節】

■同一内容・水準のサービスを可能とする
■継続的なサービス・ケアを可能とする
■多職種間で幅広い知識・技術、経験の共有ができる
■総合的な視点からのアセスメント、目標設定、優先順位の決定、介入、評価ができる
■チームで努力することによりケアの質の向上を図ることができる
■カンファレンスなどを通じた、学習の機会の創出とメンバーの技術の向上につながる
■記録の一体化などによる、事務作業等の効率化を図ることができる

2 多職種連携・協働の心構え【中堅職員編・第7章第1節】

■ひとりで背負いこまない
■共通の目標をもつ（利用者中心）
■他のメンバーに敬意をはらう
■周りから学ぶ姿勢をもつ
■専門職として自分を磨く
■十分なコミュニケーションをとる
■信頼関係を築き、互いに支え合い、育て合う

3 対立や葛藤の原因【中堅職員編・第7章第3節】

■情報把握方法の違いによる情報の違い
■情報共有あるいは伝達ミスによる情報の不足
■情報のゆがみや不足による事実の取り違え
■相手に対する期待のズレ
■専門職（チーム）間の縄張り争い
■専門職（チーム）間の価値観の違い
■専門性の違いによる目標設定や方針の違い
■部署あるいは職種の利益（負担）に関わる対立
■派閥意識による対立

4 対立や葛藤解決のプロセス【中堅職員編・第7章第3節】

何について対立や葛藤が生じているのか（事実の確認）

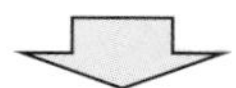

どうして対立や葛藤が生じているのか（原因の把握）

対立や葛藤の解消に向けた取り組み
・メンバー（チーム）間の話し合いによる争点の明確化
・解決策についての話し合い

（著者作成）

5 チームの方向づけを促進する力【チームリーダー編・第7章第1節】

レベル	促進する要因	阻害する要因
専門職	十分なコミュニケーション能力	コミュニケーション能力の欠如
	十分な知識・技術	不十分な知識・技術
	豊富な経験・実績	経験・実績の不足
	積極的な意識と態度、事前の十分な準備	消極的な意識と態度、事前準備の不足
チーム	目的・目標が共有化されている	目的・目標が共有化されていない
	援助方針・計画が合意され、共有化されている	援助方針・計画が不一致、あるいは共有化されていない
	役割・責任の明確な分担	役割・責任のあいまいさと不明確な分担
	日常の情報の共有	日常の情報共有の欠如
	互いの専門性への理解と尊重	互いの専門性への無理解と軽視
	相互援助	他のメンバーへの無関心
	対等な力関係	不均衡な力関係
	カンファレンスなど情報交換・共有・討議の場の存在	カンファレンスなど情報交換・共有・討議の場の欠如
組織	協働をうながす職場の理念・方針	協働をうながす職場の理念・方針の欠如
	協働に係る業務の明確化と組織的分担	協働に係る業務の不明確さと個人的請け負い
	管理者の協働に対する理解・支援	管理者の協働に対する無理解・障害
	変化を許容する柔軟な組織・管理体制	変化を拒む硬直的な組織・管理体制
	協働作業に対する時間・費用・労力の拠出	協働作業に対する時間・費用・労力の拠出拒否
	チームリーダーの判断	チームリーダーの優柔不断
	チームリーダーの積極性	チームリーダーの消極性

（著者作成）

6 ネットワークの機能と働き【チームリーダー編・第7章第4節】

- 見守り
- 関係づくり
- 保健・福祉・医療などの情報提供
- 簡易なサービスの提供
- 制度・サービスの活用促進
- 関係機関との連携
- 社会参加の促進
- 早期発見（問題を早期に発見し、その進行や容態の悪化をくい止める）
- 緊急時の通報
- 問題提起
- ニーズ把握、相談
- 福祉のまちづくりの推進

（著者作成）

ティータイム

地域福祉の推進役

管理職員は、自職場の事業だけでなく、「地域福祉の推進役として、法人・事業所の方針を決定する」役割を担っている。福祉サービスを実践する立場であるからこそ先頭に立って担う責務がある。

地域の課題解決 ……………………………………………… 地域の福祉リーダー

➡ 施設や福祉サービス事業所は、地域の資源である。同時に、地域にある課題に対してどのように関わり、貢献していくべきかが大きなテーマとなる。地域と関わるなかで地域に必要なニーズが明確となり、主体的に地域の課題解決に乗り出すという積極的なアプローチが求められる。それは、間接的に法人・事業所の利用者に対しても利益としてつながるものである。したがって、地域福祉についてさらに学びを深め、地域の社会福祉のリーダーとしての役割をも期待されている。

➡ 社会福祉基礎構造改革以降、福祉サービスの考え方が大きく変化したが、基本理念は戦後社会福祉の長い歴史を見ても一貫しているともいえる。

➡ 制度が成熟する一方で、制度間の分断によって利用者を包括的にアセスメントすることが難しくなっていた。地域の課題というテーマが高齢者、障害者等分野ごとに切り離されてしまい、地域のなかの協働が大変見えにくく、「利用者の権利」の尊重が求められる一方で、それを誰が主として担うのかが不透明であった。しかし、地域福祉の時代に福祉サービスのあるべき方向を目指したときに、地域における連携と協働というテーマが浮き彫りにされたのである。

地域で生活する ……………………………………………… 社会事業

➡ 福祉サービスが目指すべき道筋は、基本的な理念として第7章で述べたとおりである。しかし、現在の社会が抱える状況を見ると、一般の人々の社会福祉に寄せる関心の低さ、障害者に対する偏見、低所得層に対する差別、「社会保障・福祉財政の抑制」など、福祉サービスを担う者の周辺に、さまざまな「抵抗」があるように思う。つまり、地域福祉を課題として多くの責務や目標を謳い、実践しようとしたときに多くの壁が立ちはだかることをも考慮しなければならない。また、自殺や孤独死等が多発する最近の社会状況は、「地域での生活」が多くの課題を含んでいると思わざるを得ない。高齢者や障害者が地域で生活しやすく、また、積極的に地域生活移行を進めるという理念はあっても、実際の状況は容易ではないことを十分にふまえておく必要がある。あらゆる困難を前に相当の決断と努力が必要といえる。

➡ このような努力は、戦前戦後を通じて困難な状況のなか多くの社会事業家たちが現在の多くの福祉サービスの基を築いてきたことを振り返れば、現代においても同様の状況があり、「社会事業」としての精神を受け継ぎ発揮していくことが期待される。

社会福祉法人の役割 ……………………………………………… 地域貢献

社会福祉法人は、極めて公共性の高い団体であることから、他の主体では実施困難な福祉ニーズへの対応が求められている。地域住民の日常生活又は社会生活上支援を要する者に対する無料又は低額な料金により福祉サービスを提供する社会貢献活動が義務づけられた。地域住民のニーズに応えられる社会福祉法人としての役割がますます重要視されている。

第8章

組織運営管理

組織運営管理体制の整備と推進

目標

◉第8章は「組織運営管理」であるが、管理職員の本来業務が組織運営管理であり、管理職員にとっては全4巻の第8章全体が管理職員の担当領域であるとともに、初任者編、中堅職員編、チームリーダー編の第8章は管理職員に至る前段階での基礎知識の習得でもあったといえよう。

◉第8章では、福祉サービスに直接的に影響のある人材の管理において「トータルな人材マネジメント」の重要性を確認する。そのうえで、財務管理など経営資源の管理と、ガバナンスの確保、法人・事業所の事業理念・方針・計画の策定と実践についての理解等、近代的経営管理を指向するうえでの主要な課題を重点的に取り上げた。

◉第8章では、管理職員がこれらの知識をもとに、福祉サービスを担う者としての公益的な役割を認識したうえで、全体をみる立場から組織全体を活力ある組織体へと成長させる施策展開ができるようになることをねらいとする。

構成

1 管理職員としての役割を果たす

1 経営理念・使命・事業方針・事業計画を明確にし浸透させる

◉**経営理念を明確に：**福祉サービスの組織のリーダーは、経営理念を明確にし、われわれの使命は何かを職員に示していかなければならない。P.F.ドラッカーは、非営利組織はまず「われわれの使命は何か」を問うべきであり、その使命とは「汎用的で、不滅でさえあるが、組織の現在と未来の方向を示すものであり、組織のメンバーが『私はこの活動を通して、組織のゴール達成のために貢献している』と確信を持たせることのできるもの」だという。[注)]

おのおのの事業の歴史はさまざまだが、創設に関わった人々の想い、創設に至るなんらかの動機があったであろう。まずはその確認が必要である。そのうえに、現状と今後の見通しのなかで経営理念、使命を常に問うてみる必要がある。

◉**顧客から見て価値があるか：**ドラッカーは続けて言う。「顧客は誰か」「顧客にとっての価値は何か」と。[注)] 福祉サービスの使命は、社会全体、地域社会における福祉の充実・発展である。福祉サービスの顧客とは、その直接・間接の利用者である。

私たちの仕事は、地域社会および利用者の福祉的ニーズに基づいて事業が構成される。ニーズはその環境の変化によって変化する。顧客にとってのニーズとは、単なる見かけのニーズや事業者側のルールに合うかではなく、本当にその顧客の側から見て価値があるものかどうかが問われる。例えば、福祉サービスの特質である利用者の人権の尊重や自立支援に適っているか、生活という視点は備わっているか、社会や地域との関係をもてているか、という問いである。そして私たちのサービスを知ってもらうために、利用者に対しても、地域社会に対しても、理念や使命を明らかにしていく必要がある。

◉**成果の尺度を職員と共有する：**理念や使命は抽象論で終わるべきものではなく、サービス実践につながるものでなければならない。さらに、そのサービスの質や、よいマネジメントの結果について「われわれにとっての成果は何か」と問う。そのため、成果の定性的・定量的な尺度を明らかにする必要がある。「どのようなニーズがあるか」から始まって、最終的にはそのニーズに「どのように応えられたか」を追求するのが成果志向である。[注)]

日々のサービス実践は各職員が担っており、管理職員自らが直接行うものではない。期待する成果を職員にあげてもらうには、定性的・定量的な表現で成果の有無を確認する共通の尺度が必要だ。

◉**われわれの計画は何か：**ドラッカーはさらに続ける。使命を実現する「意図を行動に変える」のは計画だと。計画は、誰が何をいつまでに行うかというアクションプランと予算で構成される。管理職員は職員と共に、月次、年次、中期計画期間ごとに計画と予算を立て、その経過と結果を評価し修正し、次の計画と予算を立てる。[注)]

全国社会福祉法人経営者協議会が2016（平成28）年に「社会福祉法人アクションプラン2020」を発表している。福祉サービスの事業者として中期計画を立案する際の参考になるものである。

注）P.F.ドラッカー、G.J.スターン、田中弥生訳『非営利組織の成果重視マネジメント』ダイヤモンド社、2000（平成12）年

2 組織的な働きを活性化しコントロールする

事業の始まりが個人的な動機や心情的な動機からであったとしても、それが、福祉職場という「組織」として目的をもって利用者に対するサービス事業を行う以上、組織的に事業を継続してい

く責任がある。個人的・属人的なサービスの質にとどまることなく、福祉サービスを提供する組織体として質の高いサービスを提供していく必要がある。

組織メンバー個々の知力、技術力、意欲などの資質向上を図ることは当然だが、一方、意思決定やコミュニケーションの仕組み、組織風土、情報の感度といった、組織のもつ力の強化が必要である。福祉サービスにおいては、個々のサービス提供の技術や知識に目がいき、経営管理やサービス・マネジメントが重視されてこなかった。これからは特に福祉サービス事業組織の管理職員として、組織的な働きを活性化するとともに、必要に応じてコントロールすることが求められる。

3 起こりうる経営環境の変化を予測し対応策を立案する

社会的変化や政治経済の変化により福祉サービスへのニーズや期待は変化する。また、周辺の対象地域のサービス提供環境によっても変化する。その動きは、他の業界に比べても激しい。管理職員は、常にその変化を分析し、予測し、その対応策の立案を主導することが求められている。

◉**組織の置かれた内外の状況を正確に把握する**：３Ｃ分析（市場・顧客、競合、自社）やSWOT分析（強み弱み分析）等の手法を用いて職員と共に環境分析を行い、その結果を中期計画、年度事業計画の立案へと進めていく必要がある。管理職員として責任をもって当面の問題解決にあたるとともに、将来の課題にも取り組んでいきたい。

4 経営資源の活用により効果的、効率的な経営を実践する

管理職員が行うマネジメントは経営資源の効果的、効率的な活用が鍵となる。

経営資源とは、人材、ハード（建物、機器）、財源、情報等である。どの経営資源も重要だが、特に福祉サービスの今日的課題は人材の確保・育成にある。

5 利害関係者への説明責任を果たし適切な関係を築く

地域社会や利用者に対して、毎年度の事業実績や財務状況、法人の組織サービスに関する苦情、第三者によるサービス評価結果などの情報を積極的に開示することで組織の透明性を確保することは、現代の福祉サービス組織の責務である。福祉サービスの社会的影響力は大きい。個人情報の保護や利用者の意向確認を厳守しつつも、広報紙、ホームページ、施設内の掲示、利用者家族会等、さまざまな手段により、積極的な情報提供・情報開示により説明責任を果たしていかなければならない。

また、関係する行政機関、関係事業者、取引業者その他の利害関係者と、管理職員が積極的なコミュニケーションを図るとともに、それらとの公正かつ適正な関係を保持しなければならない。

6 管理者自身が学び成長する姿勢を持つ

組織のトップに立つと自分に甘くなる可能性がある。

部下の育成のため、また、部下の成長によって管理職員自身も成長していくことができるように、常日頃より、自ら学び成長する姿勢を忘れてはならない。

トータルな人事管理制度を構築し、組織全体に徹底する

1 経営成果の実現と人事管理の関係を理解する

人事管理の目的は、経営成果の実現と、職員個々の成長・自己実現、の2つである。このために人事管理は、経営資源である人材の数と質とをどう配分し、どのような仕事を担当させ、どのように労働意欲の維持・向上を図るかを考え、実行する役割をもつ（**図表8－1**参照）。

2 人事に関する方針、計画を明確にする

◉**法人・事業所のよって立つべき経営理念・ビジョンを明文化する：**組織としての価値観が示されることにより、一人ひとりの職員が「仕事が大変だ」と感じたときや、職場のあり方に疑問を感じたとき等「われわれは何のために働いているのか」という疑問への答えを見つけることができる。これが組織の構成員の共通の目標につながるものとなる。

◉**福祉サービスにおける中長期的な経営計画を考える：**管理職員は、どのようなサービスをどのような利用者に提供するのかについての基本的な考え方を示したうえで、組織の経営戦略や将来の事業領域に基づいた人事方針を決め、必要な人材像を明確にしておく必要がある。

また、この人材確保は短期的に即戦力として必要なのか、または中長期的に時間をかけて育成していくのか、等の方向性も必要であろう。これが、次に研修計画や採用計画として整理され、これらの内容は、幹部職員および人事担当部署に周知されなければならない。

3 トータルな人材マネジメントを実現する

人事管理は大きく分類すると、①採用、配置（採用・配置・異動・昇進昇格等）、②人事考課（人材の評価）、③報酬、待遇（給与等の報酬、その他の労働条件）、④能力開発、人材育成の4つの要素から成り立っている。そしてこれらが組織の人事システムとして機能していくためには、個々のシステムが整備されるだけでは不十分である。

4つの要素が相互に関係しながら有機的に整備され、システム全体が一体的に運営されなければならない。これをトータルな人材マネジメントと表現している。

例えば、採用により必要な人材が確保されるためには労働市場と比較した報酬・待遇の決定が必要であるし、職員の能力開発をするには現状の能力評価としての人事考課が前提となる。

このようにトータルな人材マネジメントが相互に関係することにより、個々のシステムも機能することとなる。管理職員は、この全体像の構築と人事システム全体の動きを管理することが必要となる。

4 職員の働きがいのある職場をつくる

全国社会福祉協議会の社会福祉施設職員を対象にした調査によると、個々の職員が仕事にやりがいを感じるのは、①利用者の援助・支援や生活改善につながること、②利用者やその家族に感謝されること、③専門性が発揮できること、④自分が成長している実感があること、⑤チーム・組織に貢献できること、だという。また、全国社会福祉協議会は、この調査結果に基づいて、職員の離職と組織全体のあり方との関連を**図表8－2**のように整理している。管理職員が行うべき人事管理の要点が、この図に整理されているといえよう。

●図表８－１　業績管理と人事管理の体系

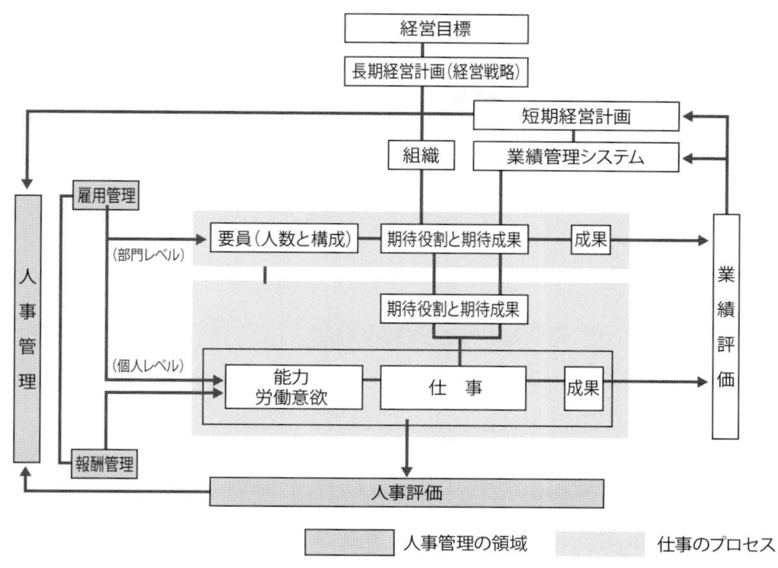

（今野浩一郎、佐藤博樹『人事管理入門』日本経済新聞出版社、2002年、24頁）

●図表８－２　離職と人材育成に影響を与える要因

組織マネジメント	①理念・価値を感じさせる組織 【事業理念の共有】 ・事業理念が共有できている法人ほど離職率が低い ・法人としての方向性や働く意義を見出しやすくしていることが低い離職率につながっていると考えられる
	②厚みのある組織編成 【高い現場リーダー人材のレベル】 ・現場でリーダー的な役割を果たす人材のレベルが期待する水準に達している法人ほど離職率が低い ・属人的なノウハウが強い福祉の現場において、現場リーダーのレベルが高いほど人材育成が効果的に行われたり、コミュニケーションが円滑にいくことによって、活気のある職場づくりが実現できると考えられる
	③コミュニケーションが円滑な組織 【良好なコミュニケーション状態】 ・職員間のコミュニケーションの状態がよい法人ほど離職率が低い
人材育成	④成長機会に満ちた組織 【適切な研修手法】（OJTとOFF-JTのバランス） ・「OJTに加えて研修機会（OFF-JT）を設けている」「多様な研修機会の設置」に取り組んでいる法人ほど離職率が低い ・目的に応じてバランスよい育成方法が講じられており、職員が高い成長実感を得ることで離職率が低くなると考えられる 【能力発揮・成長機会の提供】 ・「職員の専門性・適性・能力等を考慮した人材配置」「他施設や他分野の人材との交流機会」に取り組んでいる法人ほど離職率が低い ・能力発揮や成長機会の創造が離職率を抑える取り組みとして効果が高いと考えられる
労務環境	⑤労務環境が良好・安定的な組織 【働きやすい環境づくり】 ・「時間外労働時間が少ない」「年次有給休暇の取得率が高い」「労働条件の改善」に取り組んでいる法人ほど離職率が低い ・労務環境改善に取り組むことが低い離職率につながっていると考えられる 【安定的な人員計画】 ・年度替わり（年度ごと）に採用活動を実施している法人は職員の採用・確保について困難を感じておらず、また離職率が低い ・安定的な人員計画により人材配置などが余裕をもってなされることで低い離職率が実現されているといえる

（全国社会福祉協議会社会福祉制度・予算対策委員会施設部会「社会福祉施設の人材確保・育成に関する調査報告書」2008年7月、3頁）

管理職員による適切な労務管理を徹底し、働きやすい環境を整える

1 職員処遇の向上を図る

労務管理の主な役割として、①労働力の合理的活用、②労働者の待遇管理、③適切な労使関係の構築があげられる。本節では②と③を中心に整理してみる。

◉**賃金**：福祉人材の確保は依然として厳しい状況にあり、人材確保のためには賃金の改善が必要となる。しかし、賃金改善の財源は介護報酬等であり、報酬が上がらないなかで仮に職員の給与総額が5%上昇すると、事業支出が2.5～4%（事業種別により異なる）の増になる。福祉、特に高齢者介護へのニーズが伸び続けているなかでこれを支える人材不足は深刻であるため、介護職員の処遇向上のための職員処遇改善交付金が支給されるとともに、介護報酬に処遇改善加算がつくこととなった。保育士にも処遇改善加算等による待遇の改善が行われた。しかしさらに、良質な福祉・介護人材を確保するためには、賃金の改善はもとより、メンタルヘルス、ワークライフバランス、福利厚生など、職員処遇全般にわたる施策による処遇の向上が求められている。

2 労務管理の体制をつくる

実際の労務管理は、法人全体の責任者である理事長、規模の大きい法人にあっては担当役員、各事業所の責任者である施設長、日常的に直接職場の勤務管理をする課長・職場長、そして労務関係事務担当者という体制で管理されている。おのおのの役割を明確にしたうえで確実に行い、相互の連携がとれるようにすることが必要である。具体的なポイントとしては、職員の役割分担や指示命令系統などの体制が整っているか、日常の職員の勤務管理が適切になされているかなどである。

◉**労働関係法令の知識を十分にもつ**：職場長等職場の監督者は、職員の勤務状況を把握するため、勤務表、超過勤務命令簿等の書類を整備し、確認を行うなど適切な勤務管理が求められる。管理職員は必要に応じて職場長から職員の勤務状況の報告を求める等、直接的および間接的情報等により職員の管理の状況を的確に把握する必要がある。特に、過労死の問題を契機に「賃金不払い残業」の問題がクローズアップされ、「労働時間の適正な把握のために使用者が講ずべき基準」さらに「賃金不払い残業の解消を図るために講ずべき措置等に関する指針」等が示されている。勤務状況の把握の具体的な例として、①勤務表により日々の職員の勤務状況を確認すること、②超過勤務に対して職場長が明確に命令をしているか・客観的記録があるか・超過勤務削減に取り組んでいるか・賃金不払い残業のない職場風土の形成が進められているかを確認すること等があげられる。

3 労働組合と労働紛争について知る

◉**労働組合**：「労働者が主体となって自主的に労働条件の維持改善その他経済的地位の向上を図ることを主たる目的として組織する団体又はその連合団体」（労働組合法第2条）であり、労使関係管理とは、労働者と使用者、特に労働組合との協議や交渉を通して労使関係制度を運営する管理活動と定義される。

福祉サービスにおける補助金や措置委託費に含まれる人件費は国家公務員給与を計算根拠に算

定されるため、各法人・事業所では人事院勧告に基づいて給与のベースアップをするのが一般的であった。したがって、労使の緊張関係が起こりにくい体制であり、労働組合のない法人・事業所が多いのが実情である。そのためか、一般的には労働組合や労働運動に対する知識が不足しているようである。労働者には団結権、団体交渉権、争議権等の労働基本権が認められている。最低限の関係法令を学習し、労使関係の基本を知ることが必要である。

◉**団体交渉**：労働者個人が事業主と個別に交渉することに代えて、雇用・労働条件について労働者の中から選ばれた代表者を通じて経営者と交渉すること（集団で交渉することではない）は、労働者の権利として法的に保障されている。

◉**労使協議機関**：使用者と労働者の代表が経営上の問題、特に、労働者の雇用や労働条件に関わる問題について情報や意見交換することを目的につくられた常設的機関。現在多くの企業でこの方法が取り入れられている。日頃から労使で経営全般にわたる協議をして意思疎通を図ることにより、深刻な労使間の問題が発生しないようにすることがねらいである。

◉**個別の労働紛争の解決の手段**：本格的な裁判というところにいくまでに、裁判外の個別労働紛争処理の手続きとして、個別労働関係紛争解決促進法・男女雇用機会均等法・パート労働法による紛争処理手続きと、労働審判手続きがある。また、都道府県には労働相談コーナー（労政事務所）が設けられていて、労働紛争処理のためにアドバイス等をしている。

◉**個別労働紛争解決促進法**：個別労働紛争が起こったときに、まず当事者による自主的解決、そのための都道府県労働局による労働相談、それでも未解決なときに、当事者からの援助申請に基づいて「助言・指導」、あっせん申請に基づいて紛争調整委員会による「あっせん」「調停」に進むことができる（**図表8－3参照**）。

◉**労働審判手続き**：紛争当事者が地方裁判所に設けられた労働審判委員会に紛争処理を目的とした労働審判手続きを行い、調停による解決の見込みがないときに労働審判を行う制度。

●図表8－3　個別労働紛争解決システムの概要

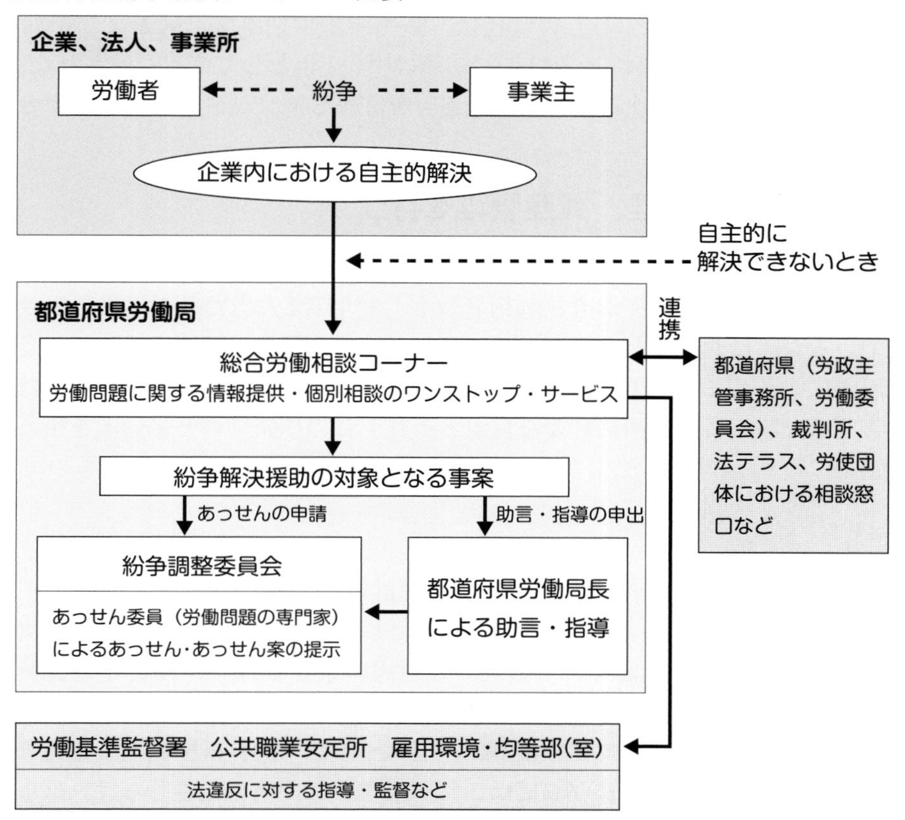

（厚生労働省「個別労働関係紛争の解決に関する法律」資料「職場のトラブル解決サポートします」2016年10月、1頁より一部改変）

財務管理を実践し、事業の継続安定のための改善策を構築する

1 財務管理の意味を再確認する

◉**組織全体の活動を財務面から計画・統制する**：事業は〈事業計画→業務執行→執行状況の把握・確認→処置の管理〉のサイクルであるのに対して、財務は〈予算作成→日常の記録・管理（予算統制）→分析（予算・実績比較）→予算補正〉のサイクルにより管理される。

◉**社会福祉法人における財務管理**：①社会福祉法第45条の23〜27に定められた会計処理をして、毎会計年度に計算書類等を作成し法人各機関の決議を経て、これを利害関係者や所轄庁に報告・公表する。②財務数値を使った計画の策定（予算）、予算の執行（事業の執行）、予算管理、資源管理を行う。③社会福祉充実残額を算定し、残額がある場合は、社会福祉充実計画を作成する。

◉**健全な経営のための財務管理**：資金等資産の状況、収支の状況を明確にし、それが今年度の予算との関係で健全か、中長期的に見て健全な収支のバランスが確保されているか、今後の組織の維持・成長のためにどのような資金等の調達が必要になるか、などに資するものでなければならない。適切な財務管理により問題を早期に発見し、適切な対応をすることにより、その後の損失防止や経営改善に資するものとなる。

2 中長期経営計画を策定し、常に見直しをする

◉**内外の環境を分析し、中長期計画を策定する**：中長期計画とは未来への設計図であり、事業とその実施にともなう、人材や財務計画を描くものである。長期計画はおおむね10年単位だが、現在のような環境変化の目まぐるしい時代は、3〜5年の中期事業計画および中期予算が望ましいといえよう。単年度事業計画・予算はこの期間の中の1年として位置づけられなければならない。中期計画（中期予算）は年次ごとに事業の進行を評価し適宜見直すことが必要となる。

3 月次決算により財務管理、資産管理を行う

福祉サービスの事業収入の基本は（事業ごとの法定単価）×（利用者数）である。一般的に事業ごとの単価は制度上決められており、利用者数も、利用者1人当たりの建物の広さおよび職員数が決められているためにおのずと上限がある。したがって利用上の問題を解決し、受け入れられる最大数の利用者に応えることが事業収入のポイントである。一方、事業支出の金額は事業計画に関連づけて、事業活動別、各部門別に必要な資源とそれぞれの単価をもとに金額を積み上げて計算すべきものである。その規模は、法人全体、事業所全体で収入と調和のとれたものでなければならない。

◉**予算管理**：予算という手段を使って業務執行が計画的に行われるように管理すること。事業計画・予算の執行状況を月次（または複数月）ごとに整理し、事業計画・予算と実績の比較をして遂行状況を把握し内容を確認し、その違いと原因の精査を行い、修正の必要があれば、タイムリーに事業計画変更や補正予算を作成することが重要である。

◉**日常の業務執行に関する記録**：日常業務は、起案→承認→実行→検収（予定通り実行されたかの確認）→報告の順に行われ、管理職員はこれが遵守されたかを監督しなければならない。これらは会計記録として記録、保存する。

◉**会計記録**：稟議書、契約書（請書）、納品書、請求書、領収書、報告書等（規定に定めることにより一部省略可能）との関連性（金額、日時等）をもたせ、業務内容、業務処理の経過、監督責任者の承認が明確であることが必要である。

◉**資産管理**：業務の執行は経営資源の増減をともなう。これは、決算書の貸借対照表、月次試算表の資産、負債および純資産に残高として計上される。この内容を分析し資産管理を行う。まず、会計記録と現物（現金、有価証券、銀行預金残高証明書や預金証書等）を照合して資産・負債の実在を確かめる。その内容に問題がないか点検し、適切に処理されているか確認する。資源の事故等による損失を防止する。

4 管理職員として管理会計を考える

◉**制度会計**：法人・事業所は、法令で定められているルールに従って計算書類や社会福祉充実残額の算定、充実計画等を作成し、年次の決算書等を所轄庁に提出するとともに公表することが義務づけられている。税金を税務当局に申告・納付するための税務会計も制度会計に含まれる。

◉**管理会計**：業績向上のために事前の経営判断や事業運営のプロセスにおいて、内部関係者に経営管理の情報を提供する会計である。

5 財務指標分析など科学的な判断基準をもつ

◉**経営分析**：事業の活動結果を示す数値によって、事業の長所や問題点を把握し、経営改善や経営戦略を策定するために行う。目的を明確にし、問題の発生部所、要因を明らかにすることが大切である（**図表8－4**参照）。

◉**財務指標分析**：比率分析、絶対分析法、期間比較、同業他社比較などがある。分析対象として、成長性、収益性、生産性、安全性、損益分岐点などがあげられる。

6 日常の出納業務において管理職員としての確認を怠らない

日々の出納業務において管理職員として下記のような確認を怠らないことが必要である。

■取引をしている全ての金融機関の預貯金口座（預金通帳）および届出印を掌握する。
■貯金通帳と届出印は別々に管理し、届出印は会計責任者または出納責任者が管理する。
■会計伝票は最低2人以上が検印または署名する。
■入金した金銭はいったん金融機関に預け入れる（直接支払いにあてない）。
■全ての現金の取り扱い場所を掌握する。
■常用雑費の支払いに限り小口現金制度を採用する。
■毎月末必ず現金及び全ての預貯金口座（預金通帳）等残高と会計帳簿記載の現金・預貯金残高との照合をする。

●図表8－4　特別養護老人ホーム（ユニット型）の経営分析の例

	指　標　名	算　式	例
機能性分析	定員数 利用率 利用者1人当たりサービス活動収益	年間延べ利用者数÷実稼働日数 年間延べ利用者数÷(定員×年間総日数)×100 サービス活動収益÷年間延べ利用者数	58.3人 94.1% 13,955円
収益性分析	人件費率 経費率（事業費＋事務費） 減価償却費率	人件費÷サービス活動収益×100 経費÷サービス活動収益×100 (減価償却費－国庫補助均等特別積立金取崩額)÷サービス活動収益×100	61.9% 24.6% 7.5%
生産性分析	従事者1人当たり人件費 労働生産性 労働分配率	人件費÷年間平均従事者数 (付加価値額※)÷年間平均従事者数 職員1人当たり人件費÷労働生産性×100	4,008千円 4,395千円 91.2%

※付加価値額＝サービス活動収益－（経費＋減価償却費＋国庫補助金等特別積立金取崩額＋徴収不能額）
（独立行政法人福祉医療機構「2018年度特別養護老人ホームの経営状況について」2019年12月27日）

法人・事業所のガバナンスのあり方を考え、実行する

1 ガバナンス（組織統治）の重要性を確認する

◉**社会的ルールを遵守し公正かつ適正な経営を可能にする組織体制を構築する：**ガバナンスとは、社会的ルールを遵守し公正かつ適正な経営を可能にするために実効性のある組織体制を構築すること、そのためにその組織を統治することである。公益法人や社会福祉法人などの公益性の高い組織においては、特に、コンプライアンス（法令遵守とともに社会的規範やモラルの遵守）の徹底が求められる。さまざまな不祥事があるなかで、これをモラルの問題であると単に精神論にとどめたのでは問題解決にならない。自浄が可能なシステムをもち、それが機能することが求められている。企業の組織統治についての世界的な動きが大きく影響し、わが国の公益法人改革にもつながっている。

2 事業主体のガバナンスを構成する各機関の役割を明確にする

◉**社会福祉法人の自立と自律：**社会全体の規制緩和が進み、福祉サービスの組織も、行政の規制が徐々に緩和され自由度が増す一方で、自立し、自らを律し、自らの責任で経営していくことが求められるようになった。福祉サービスの中心である社会福祉法人制度の、ガバナンスのシステムは創設以来大きな変更のないままであったが、社会福祉法の改正により、大きな変更が加えられた。

◉**社会福祉法人のガバナンス体制：**ガバナンスを車の例で考えると、経営組織にもハンドルとアクセルとブレーキの機能が必要である。経営組織は目的を明確にし、それに方向を定める機能、前進させる機能が必要であり、これを適切にコントロールするブレーキ機能も必要となる。

　社会福祉法人のガバナンスの具体的な内容は**図表８－５**のとおりである。社会福祉法人組織の機関には、理事会、理事長、監事、評議員会、内部管理体制の各機関や機能があり、図のような役割を持っている。法改正により議決機関と執行機関を明確に分離し、評議員会を必置の最高決議機関とし、理事会、監事等の各機関の責任・権限・義務を明確にした。管理職員の担当する各事業は、理事長の下で日々の事業執行が行われる。

　これにより評議員は「社会福祉法人の適正な運営に必要な識見を有する」識者で、「親族等の特殊の関係にある者」の選任の禁止に加え、役員、職員との兼務もできないものとされた。監事機能も強化された。さらに、一定規模を超える法人には、会計監査人（公認会計士または監査法人）の設置が義務づけられ、内部管理体制も整備することとなった。各々の機能がバランスよく働くことで適切な組織統治が可能となる。そして単に形式が整っていればよいものではなく、理事長以下管理職員の取り組み姿勢と実効性が重要である。

◉**内部管理体制とは：**一般に、法人・事業所がその業務を適正かつ効率的に遂行するために、組織内に構築され運用される体制およびプロセスを内部統制という。その目的は、①事業活動目的の達成のため業務の有効性・効率性を高めること、②財務諸表等の財務報告の信頼性を確保すること、③事業活動に関わる法令その他の規範の遵守を促進すること、④資産の取得・使用および処分が適正な手続き及び承認のもとに行われるように資産の保全を図ることである。社会福祉法人については、一定以上の規模を超える法人にガバナンスを強化するために、理事会でこれら内部管理体制に関する基本方針を決定し、この方針に基づいた規程、体制の整備を行うこととなっている。

3 事業運営の透明性を高め地域社会の信頼を得る

社会福祉法人として、福祉サービス事業者として、地域社会の理解と信頼を得るためにコミュニケーションを図る必要がある。地域社会や利用者が必要としている情報を積極的に公開し、透明性の高い経営を実現することである。対象は、所轄庁及び利用者を含むサービス提供上の利害関係者が主であるが、さらに、税や保険料を負担している地域住民、当該法人や福祉サービス業界への就職希望者及びその親族・学校関係者、さらにはマスメディア等も考えなければならない。

その目的は二つ考えられる。一つは、説明責任を果たすということである。アカウンタビリティー、コンプライアンスの徹底で、倫理的・制度的な責任や義務を果たすためのものといえる。必要書類を一般市民の誰でも見ることのできるようインターネットを通じて開示すること、詳しい情報提供を希望する人には法人の事務所に必要書類を備え閲覧できるようにすることとなっている。（**図表8－6参照**）もう一つはパブリック・リレーションズということである。事業活動等のサービス提供主体の内容を利害関係者に伝えて知ってもらい、利害関係者の理解を深め、時にはマイナスの意見や行動をも変える意図を持った広報である。

地域社会との信頼関係ができれば、地域のかかえるさまざまな福祉課題を知り、新しいサービス提供につながる。一方、法人・事業所に対する地域社会からの支援も期待できるのではないか。

●図表8－5　社会福祉法人経営組織のガバナンスの概要（□は機関名　○はその機能）

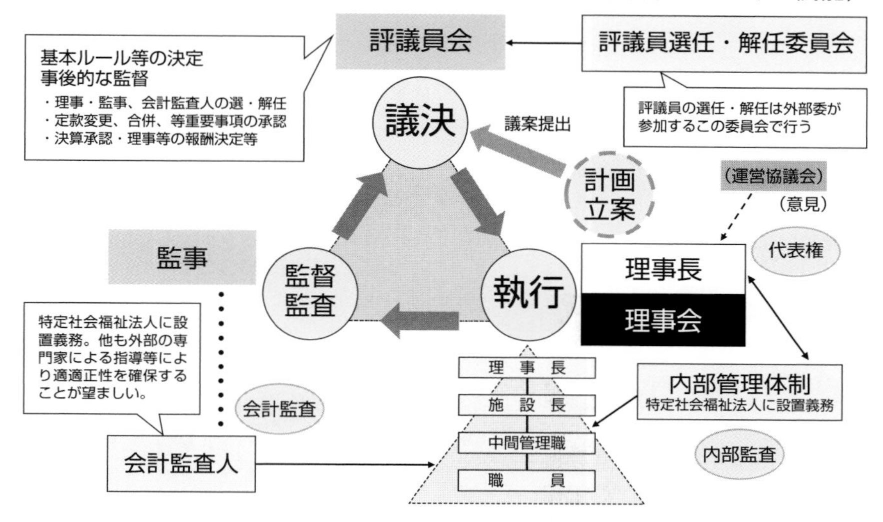

（著者作成）

●図表8－6　法人運営の透明性の確保

	備え置き・閲覧	インターネットによる公表
定款	○	○
事業報告書	○	×
財産目録	○	×
賃借対照表	○	○
収支計算書（事業活動計算書・資金収支計算書並びにこれらの附属明細書）	○	○（※1）
監査報告（会計監査報告を含む。）	○	×
現況報告書（役割名簿、補助金、社会貢献活動に係る支出額、役員の親族等との取引状況を含む。）	○	○（※2）
事業の概要等（事業計画、社会福祉充実残額、社会福祉充実計画等）	○	○（※3）
報酬等の支給の基準を記載した書面	○	○
役員等（理事・幹事・評議員）名簿	○	○（※2）

※1　附属明細書を除く
※2　個人の住所等個人の権利利益が害されるおそれがある部分を除く
※3　「社会福祉充実残額の算定の根拠」及び「事業計画」を除く

（出典）厚生労働省資料の一部を筆者が再整理

第8章　組織運営管理

前巻までのポイント

組織運営管理

以下の内容は、『福祉職員キャリアパス対応生涯研修課程テキスト』〔初任者・中堅職員・チームリーダー編〕の第8章のポイントを抜粋したものです。

1 組織の構造【初任者編・第8章第1節】

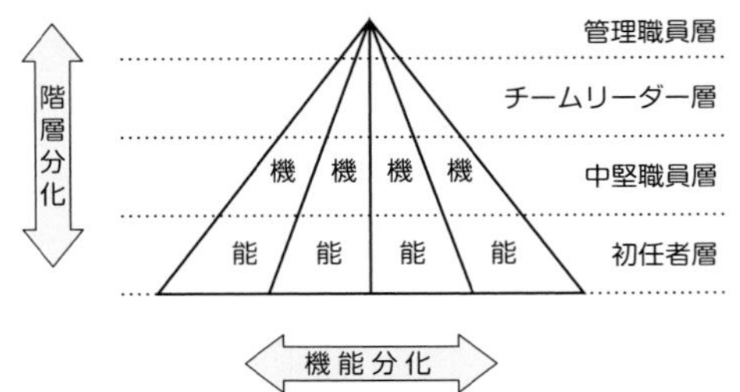

（「福祉職員生涯研修」推進委員会編『福祉職員研修テキスト 基礎編』全国社会福祉協議会、2002年、29頁より一部改変）

2 労働契約と就業規則【初任者編・第8章第3節】

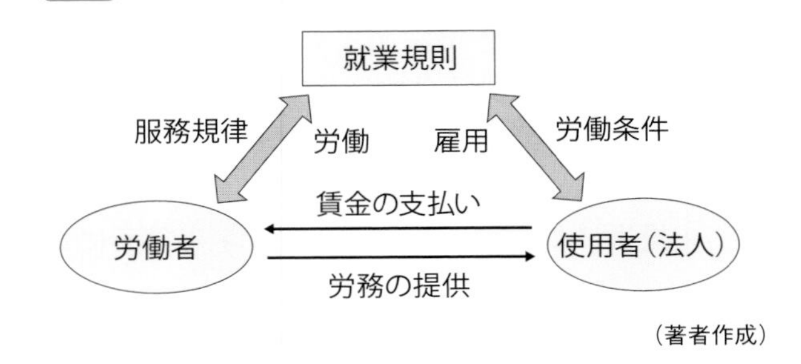

（著者作成）

3 就業規則に記載する事項【初任者編・第8章第3節】

必ず記載しなければならない事項（絶対的必要記載事項）労基法第89①1～3号	労働時間等	始業と終業の時刻
		休憩時間
		休　日
		休　暇
		交替制勤務の場合の就業時転換に関する事項
	賃金	賃金（臨時の賃金等を除く）の決定の方法
		〃　〃　計算の方法
		〃　〃　支払の方法
		〃　〃　締切りの時期
		〃　〃　支払の時期
		〃　〃　昇給に関する事項
	退職・解雇	退職に関する事項
		解雇の事由に関する事項
定めをした場合は必ず記載しなければならない事項（相対的必要記載事項）労基法第89①3号の2～10号	退職手当	適用される労働者の範囲
		退職手当の決定の方法
		〃　計算の方法
		〃　支払の方法
		〃　支払の時期
	臨時の賃金等（退職手当を除く）に関する事項	
	最低賃金額に関する事項	
	食費、作業用品その他の負担に関する事項	
	安全、衛生に関する事項	
	職業訓練に関する事項	
	災害補償、業務外の傷病扶助に関する事項	
	表彰、制裁の種類と程度に関する事項	
	その他の全員に適用される事項	

（（公社）全国労働基準関係団体連合会編『改訂増補2版やさしい職場の人事労務と安全衛生の基本』2017年、31頁）

4 人事管理（ヒューマンリソースマネジメント）の目的【チームリーダー編・第8章第2節】

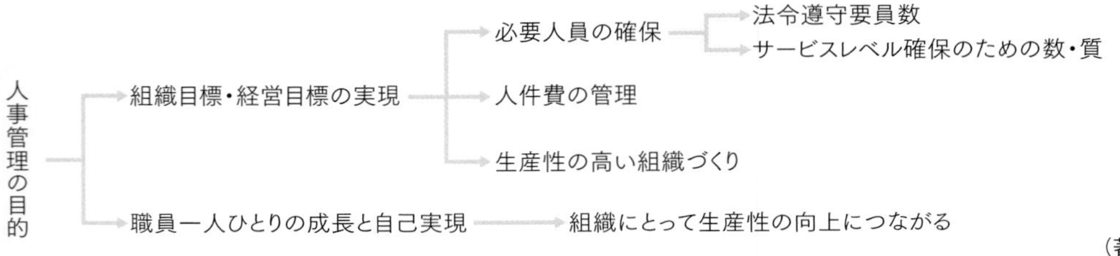

（著者作成）

5 事業（経営）戦略／計画策定の主なステップ【チームリーダー編・第8章第1節】

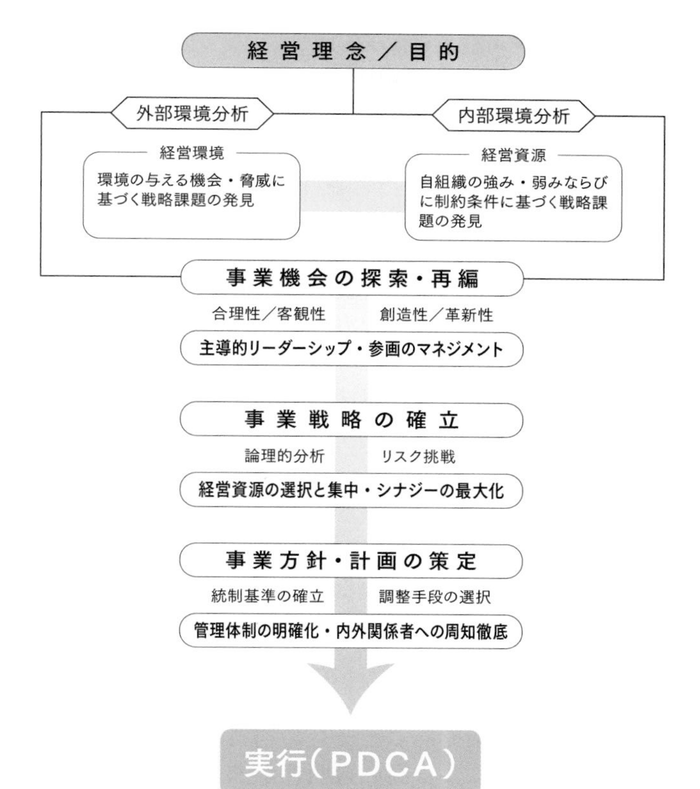

（「福祉職員生涯研修」推進委員会編『福祉職員研修テキスト 管理編』全国社会福祉協議会、2002年、33頁より一部改変）

6 資金収支計算書の構成【チームリーダー編・第8章第4節】

事業活動による収支	事業活動収入	①
	事業活動支出	②
	事業活動資金収支差額	③（＝①－②）
施設整備等による収支	施設整備等収入	④
	施設整備等支出	⑤
	施設整備等資金収支差額	⑥（＝④－⑤）
その他の活動による収支	その他の活動収入	⑦
	その他の活動支出	⑧
	その他の活動資金収支差額	⑨（＝⑦－⑧）
予備費支出		⑩
当期資金収支差額合計		⑪（＝③＋⑥＋⑨－⑩）
前期末支払資金残高		⑫
当期末支払資金残高		⑬（＝⑪＋⑫）

（本田親彦監修『新社会福祉法人会計基準 詳解』全国社会福祉協議会、2012年、66頁）

7 SWOT分析の視点【チームリーダー編・第8章第5節】

1. 外部環境特性
①社会環境　②政治、経済、行政環境　③ユーザー（市場・準市場）環境
④競合環境　⑤技術、情報環境

2. 内部環境特性
①組織単位の使命、目的、目標　②組織的資源　③人的資源
④物的資源　⑤財務的資源　⑥情報的資源
⑦仕組みと風土　⑧サービスの質

（著者作成）

ティータイム

10の経営原則

福祉サービスはさまざまな主体が担うようになったが、主体の多くが非営利法人であり、その経営には非営利法人としての経営原則がある。以下、社会福祉法人の経営原則（全国社会福祉法人経営者協議会『社会福祉法人アクションプラン2020』）をあげておこう。

公益性

個人が人としての尊厳をもって、家庭や地域の中で、障害の有無や年齢にかかわらず、その人らしい“安心のある生活”が送れるように、国民全ての社会的な自立支援を目指すための支援をすること。

継続性

解散時の手続きや残余財産の処分等に関する規定によって、制度的にサービスの継続性が確保されている。よって良質なサービスを安定して提供する義務があること。

透明性

公的な負担によって行われる事業であるとともに利用制度化が進むなか、公益法人としてより積極的な情報開示、情報提供等による高い透明性が求められること。

倫理性

公正、誠実な倫理観に基づく法人経営を行うこと。

非営利性

持ち分がなく配当は認められていない。事業で得た全ての金銭的成果は社会福祉事業に充てるか、地域の生活課題や福祉需要に還元すること。

開拓性

表出しにくい生活課題、福祉需要の掘り起こしや、制度の狭間にあるもしくは制度化されていない福祉需要等に対し、新しい領域として、先駆的に他機関・団体等に先立って対応するとともに、制度化に向けた働きかけを行うこと。

組織性

高い信頼性が求められる法人にふさわしい組織統治の確立、人材育成等、組織マネジメントに取り組むこと。

主体性

民間の社会福祉施設事業経営者としての自主性および自律性を発揮し、自らの意思、判断によって事業に取り組むこと。

効率性

税、社会保険料等公的な財源を使用することから、より効果的で効率性の高い経営を目指すこと。

機動性

地域の福祉ニーズ及び制度の変化に対して、すばやく対応すること。

参考文献

- 「福祉職員生涯研修」推進委員会編『福祉職員研修テキスト 基礎編・指導編・管理編』全国社会福祉協議会、2002年
- 浦野正男編『社会福祉施設経営管理論』全国社会福祉協議会、2017年
- 産業・組織心理学会編『産業・組織心理学ハンドブック』丸善、2009年
- 金井壽宏『働くひとのためのキャリア・デザイン』PHP研究所、2002年
- 二村英幸『個と組織を生かすキャリア発達の心理学』金子書房、2009年
- E.H.シャイン、二村敏子・三善勝代訳『キャリア・ダイナミクス』白桃書房、1991年
- 古川久敬『チームマネジメント』日本経済新聞社、2004年
- 日経ヘルスケア編『介護職員キャリアパス構築マニュアル』日経BP出版センター、2010年
- 宮崎民雄『福祉職場のマネジメント』エイデル研究所、2002年
- 宮崎民雄『福祉職場のOJTとリーダーシップ（改訂版）』エイデル研究所、2009年
- エイデル研究所福祉経営支援部編『福祉職場の人材マネジメント』エイデル研究所、2009年
- 小笹芳央『モチベーション・マネジメント』PHP研究所、2008年
- P.ハーシー、K.H.ブランチャード、D.E.ジョンソン、山本成二、山本あづさ訳『行動科学の展開』生産性出版、2000年
- 宮崎民雄監修『改訂　福祉の「職場研修」マニュアル』全国社会福祉協議会、2016年
- 山田雄一『研修指導論』産業労働調査所、1987年
- P.F.ドラッカー、上田惇生訳『非営利組織の経営』ダイヤモンド社、2007年
- P.F.ドラッカー、上田惇生訳『マネジメント【エッセンシャル版】』ダイヤモンド社、2001年
- 柴山盛生、遠山紘司『問題解決の進め方』NHK出版、2012年
- 高橋誠『問題解決手法の知識〈第2版〉』日経文庫、日本経済新聞社、1999年
- ㈱日本能率協会コンサルティング『問題を整理し、分析する技術』日本能率協会マネジメントセンター、2012年
- 川喜田二郎『発想法』中公文庫、中央公論社、1967年
- 川喜田二郎『続・発想法』中公文庫、中央公論社、1970年
- 福山和女『ソーシャルワークのスーパービジョン』ミネルヴァ書房、2005年
- 伊丹敬之、加護野忠男『ゼミナール経営学入門』日本経済新聞社、2003年
- トム・ピーターズ、ロバート・ウォーターマン、大前研一訳『エクセレント・カンパニー』英治出版、2003年
- ピーター・M・センゲ、守部信之他訳『最強組織の法則－新時代のチームワークとは何か』徳間書店、1995年
- 岡田進一『介護関係者のためのチームアプローチ』ワールドプランニング、2008年
- 埼玉県立大学編『IPWを学ぶ－利用者中心の保健医療福祉連携』中央法規出版、2009年
- 日本社会福祉士会、日本医療社会事業協会『保健医療ソーシャルワーク実践2改訂』中央法規出版、2009年
- 篠田道子『多職種連携を高めるチームマネジメントの知識とスキル』医学書院、2011年
- 石川和幸『チームマネジメント成功のしかけ』中経出版、2009年
- 堀公俊『チーム・ファシリテーション』朝日新聞出版、2010年
- 阿部志郎、河幹夫『人と社会－福祉の心と哲学の丘』中央法規出版、2008年
- 厚生労働省「新たな福祉サービスのシステム等のあり方検討プロジェクトチーム」『誰もが支え合う地域の構築に向けた福祉サービスの実現 ―新たな時代に対応した福祉の提供ビジョン―』、2015年
- 今野浩一郎、佐藤博樹『人事管理入門（第2版）』、日本経済新聞出版社、2008年
- 京極髙宣『福祉法人の経営戦略』中央法規出版、2017年

福祉職員
キャリアパス対応生涯研修課程
管理職員コース

事前学習およびプロフィールシート

- すでにお申し込みいただいております「福祉職員キャリアパス対応生涯研修課程」管理職員コースの受講にあたって、研修機会を有効に活用し、研修成果を高めるために、次頁以降の「事前学習およびプロフィールシート」にお取り組みください。

- 本シートへの取り組みは、研修受講の必須条件となります。本シートの内容は、面接授業の際の課題研究（ワークショップ）の素材として活用します。テキストを参照しながら記述してください。

- コピーを８部とり、研修会当日持参し、２部を受付時にご提出ください。６部はワークショップで活用します。

受講番号	
氏　　名	

Ⅰ　テキストの事前学習シート

氏　名	

課題　研修テキスト「福祉職員キャリアパス対応生涯研修課程　管理職員編」を熟読し、第１章～第８章までの内容について、あなたが重要と感じたポイントをそれぞれ２項目ずつ要約し、サービス実践やチーム活動においてどのように生かすかを記述してください（主な該当頁があれば記入してください）。

章	頁	重要と感じたポイント（内容の要約）	活用の視点（どのように活用するか）
第１章			
第２章			
第３章			
第４章			
第５章			
第６章			
第７章			
第８章			

Ⅱ　自己のプロフィールシート

所属・氏名	

下記の点について、お答えください（記入できる部分で差し支えありません）

1. 現在の職場の概要と職務内容（法人や事業所の概要・理念やサービス目標・職員数・現在の立場等）

2. これまでの自身のキャリアと管理職員としてのモットー

3. これまでの仕事を振り返って感じること（取り組みとその成果）	
①顕示できる取り組みや成果	②不十分だと感じる取り組みや成果

4. 目指したい職業人としての自己イメージ４つの問い（テキスト第１章参照）	
①できることは何か（能力・持ち味）	②やりたいことは何か（欲求・動機）
③意味を感じることは何か（志・価値観）	④どのような関係をつくり、生かしたいか（関係性）

5. 管理職員として大切にしたいこと・目指したいこと	
①利用者や家族に対して	②組織やチームのマネジメントについて
③地域や関係機関との関わりについて	④自身の能力開発や資格取得について

Ⅲ　上司コメント（上記の内容をお読みいただき、下記の欄にコメントをお願いいたします。）

●本人の持ち味、本人への期待について		
本人の持ち味（プラス面、強み）について		本人への期待について
コメント	所属：	
	役職：	氏名：

私のキャリアデザインシート（挑戦目標とアクションプラン）

所属　　　　氏名　　　　作成日　　年　　月　　日

1. この研修で学んだこと、気づいたこと（箇条書きで記述する）

2. 目指したい職業人としての自己イメージ（4つの問い）

①できることは何か（持ち味・能力）	②やりたいことは何か（動機・欲求）
③意味を感じることは何か（志・価値観）	④どのような関係をつくり、生かしたいか（関係性）

3. 私のキャリアメッセージ（いまの気持ち、これからの私）

4. 私のキャリアビジョン（5 年後、10 年後、さらに中長期の視点での職業人生経路の到達イメージ）
①利用者や家族との関わりについて
②組織やチームのマネジメントについて
③地域や関係機関との関わりについて
④自身の能力開発や資格取得について

5. 当面の重点目標とアクションプラン（1 年から 3 年をめどに 2 ～ 3 項目設定する）	
①重点目標（具体的に、明確に）	②アクションプラン （どのレベルまで、いつまでに、どのように等）

6. 上司からのアドバイスコメント（1 から 5 の報告を受け、コメント・励まし、支援等を自由にご記入ください）		
上司 コメント	所属：	役職：
	氏名：	記入日：

コピー用様式：A3判に拡大して両面コピーし、2つ折りしてご提出ください]

4. 目指したい職業人としての自己イメージ４つの問い（テキスト第１章参照）	
①できることは何か（能力・持ち味）	②やりたいことは何か（欲求・動機）
③意味を感じることは何か（志・価値観）	④どのような関係をつくり、生かしたいか（関係性）

5. 管理職員として大切にしたいこと・目指したいこと	
①利用者や家族に対して	②組織やチームのマネジメントについて
③地域や関係機関との関わりについて	④自身の能力開発や資格取得について

Ⅲ　上司コメント（上記の内容をお読みいただき、下記の欄にコメントをお願いいたします。）

●本人の持ち味、本人への期待について		
本人の持ち味（プラス面、強み）について		本人への期待について
コメント	所属：	
	役職：	氏名：

福祉職員
キャリアパス対応生涯研修課程
管理職員コース
事前学習およびプロフィールシート

- すでにお申し込みいただいております「福祉職員キャリアパス対応生涯研修課程」管理職員コースの受講にあたって、研修機会を有効に活用し、研修成果を高めるために、次頁以降の「事前学習およびプロフィールシート」にお取り組みください。
- 本シートへの取り組みは、研修受講の必須条件となります。本シートの内容は、面接授業の際の課題研究（ワークショップ）の素材として活用します。テキストを参照しながら記述してください。
- コピーを８部とり、研修会当日持参し、２部を受付時にご提出ください。６部はワークショップで活用します。

受講番号	
氏　名	

※両面コピーする場合は、p.1（シート表紙）の裏にp.3（Ⅰテキストの事前学習シート）がくるようにしてください。

Ⅰ　テキストの事前学習シート

氏　名	

課題　研修テキスト「福祉職員キャリアパス対応生涯研修課程　管理職員編」を熟読し、第１章～第８章までの内容について、あなたが重要と感じたポイントをそれぞれ２項目ずつ要約し、サービス実践やチーム活動においてどのように生かすかを記述してください（主な該当頁があれば記入してください）。

章	頁	重要と感じたポイント（内容の要約）	活用の視点（どのように活用するか）
第１章			
第２章			
第３章			
第４章			
第５章			
第６章			
第７章			
第８章			

Ⅱ　自己のプロフィールシート

所属・氏名	

下記の点について、お答えください（記入できる部分で差し支えありません）

1. 現在の職場の概要と職務内容（法人や事業所の概要・理念やサービス目標・職員数・現在の立場等）

2. これまでの自身のキャリアと管理職員としてのモットー

3. これまでの仕事を振り返って感じること（取り組みとその成果）

①顕示できる取り組みや成果	②不十分だと感じる取り組みや成果

福祉職員キャリアパス対応生涯研修課程
テキスト編集委員会 委員名簿

氏　名	所　属　等	担当章
○宮崎　民雄	特定非営利活動法人福祉経営ネットワーク 代表理事	第1章、第4章
岸田　宏司	和洋女子大学 学長	第2章
久田　則夫	日本女子大学 教授	第3章
村井　美紀	東京国際大学 准教授	第4章
◎田島　誠一	特定非営利活動法人東京YWCAヒューマンサービスサポートセンター 理事長	第5章
村岡　　裕	社会福祉法人佛子園 専務理事	第6章
津田　耕一	関西福祉科学大学 教授	第7章
武居　　敏	社会福祉法人松渓会 理事長	第8章

委員長＝◎、副委員長＝○　　（所属・役職は2021年4月現在）

事務局

社会福祉法人全国社会福祉協議会　中央福祉学院
〒240-0197　神奈川県三浦郡葉山町上山口1560－44
電話　046－858－1355

［改訂2版］
福祉職員キャリアパス対応生涯研修課程テキスト
管理職員編

発行 ……………… 2013年7月29日　初版第1刷
2018年2月26日　改訂第1版第1刷
2021年6月1日　改訂第2版第1刷
2023年4月28日　改訂第2版第2刷
編集 ……………… 福祉職員キャリアパス対応生涯研修課程テキスト編集委員会
発行者 …………… 笹尾　勝
発行所 …………… 社会福祉法人 全国社会福祉協議会
〒100−8980　東京都千代田区霞が関3−3−2　新霞が関ビル
電話　03-3581-9511　　振替　00160-5-38440
定価 ……………… 定価1,210円（本体1,100円＋税10%）
印刷所 …………… 日経印刷株式会社

ISBN978-4-7935-1372-5 C0336 ¥1100E